清通志堂本横渠先生易説

宋 張載撰

山東省圖書館藏清康熙間刻《通志堂經解》本

山東人民出版社·濟南

圖書在版編目（CIP）數據

清通志堂本橫渠先生易説 /（宋）張載撰 .— 濟南：山東人民出版社，2024.3

（儒典）

ISBN 978-7-209-14325-7

Ⅰ.①清… Ⅱ.①張… Ⅲ.①《周易》-注釋 Ⅳ.① B221.2

中國國家版本館 CIP 數據核字（2024）第 036298 號

項目統籌：胡長青

責任編輯：張艷艷

裝幀設計：武　斌

項目完成：文化藝術編輯室

清通志堂本橫渠先生易説

〔宋〕張載撰

主管單位　山東出版傳媒股份有限公司

出版發行　山東人民出版社

出 版 人　胡長青

社　　址　濟南市市中區舜耕路517號

郵　　編　250003

電　　話　總編室（0531）82098914

　　　　　市場部（0531）82098027

網　　址　http://www.sd-book.com.cn

印　　裝　山東華立印務有限公司

經　　銷　新華書店

規　　格　16開（160mm×240mm）

印　　張　19.75

字　　數　158千字

版　　次　2024年3月第1版

印　　次　2024年3月第1次

ISBN　978-7-209-14325-7

定　　價　48.00圓

《儒典》選刊工作團隊

學術顧問　杜澤遜　李振聚　徐　泳

項目統籌　胡長青

責任編輯　劉　晨　劉嬌嬌　張艷艷

呂士遠　趙　菲　劉一星

前言

中國是一個文明古國、文化大國，中華文化源遠流長，博大精深。在中國歷史上影響較大的是孔子創立的儒家思想，因此整理儒家經典、注解儒家經典，爲儒家經典的現代化闡釋提供权威、典范、精粹的典籍文本，是推進中華優秀傳統文化創造性轉化、創新性發展的奠基性工作和重要任務。

中國經學史是中國學術史的核心，歷史上創造的文本方面和經解方面的輝煌成果，大量失傳了。西漢是經學的第一個興盛期，除了當時非主流的《詩經》毛傳以外，其他經師的注釋後來全部失傳了。東漢的經解祇有鄭玄、何休等少數人的著作留存下來，其餘也大都失傳了。南北朝至隋朝興盛的義疏之學，其成果僅有皇侃《論語疏》幸存於日本。五代時期精心校刻的《九經》、北宋時期國子監重刻的《九經》以及校刻的單疏本，也全部失傳。南宋國子監刻的單疏本，我國僅存《周易正義》、《爾雅疏》、《春秋公羊疏》（三十卷殘存七卷）、《春秋穀梁疏》（十二卷殘存七卷），日本保存了《尚書正義》、《毛詩正義》、《禮記正義》（七十卷殘存八卷）、《周禮疏》（日本傳抄本）、《春秋公羊疏》（日本傳抄本）、《春秋正義》（日本傳抄本）。南宋兩浙東路茶鹽司刻八行本，我國保存下來的有《周禮疏》、《禮記正義》、《春秋左傳正義》（紹興府刻）、《論語注疏解經》（二十卷殘存十卷）、《孟子注疏解經》（存臺北「故宮」），日本保存有《周易注疏》《尚書正義》（凡兩部，其中一部被清楊守敬購歸）。南宋福建刻十行本，我國僅存《春秋穀梁注疏》、《春秋左傳注疏》（六十卷，一半在大陸，一半在臺灣），日本保存有《毛詩注疏》《春秋左傳注疏》。從這些情況可以看出，經書代表性的早期注釋和早期版本國内失傳嚴重，有的僅保存在東鄰日本。

鑒於這樣的現實，一百多年來我國學術界、出版界努力搜集影印了多種珍貴版本，但是在系統性、全面性和準確性方面都還存在一定的差距。例如唐代開成石經共十二部經典，石碑在明代嘉靖年間地震中受到損害，明代萬曆初年西安府學等學校師生曾把損失的文字補刻在另外的小石上，立於唐碑之旁。近年影印出版唐石經拓本多次，都是以唐代石刻與明代補刻割裂配補的裱本爲底本。由於明代補刻采用的是唐碑的字形，這種配補本難以區分唐刻與明代補刻，不便使用，亟需單獨影印唐碑拓本。

爲把幸存於世的、具有代表性的早期經解成果以及早期經典文本收集起來，系統地影印出版，我們規劃了《儒典》編纂出版項目。

《儒典》出版後受到文化學術界廣泛關注和好評，爲了滿足廣大讀者的需求，現陸續出版平裝單行本。共收録一百十一種元典，共計三百九十七册，收録底本大體可分爲八個系列：經注本（以開成石經、宋刊本爲主。開成石經僅有經文，無注，但它是用經注本删去注文形成的）、經注附釋文本、纂圖互注本、單疏本、八行本、十行本、宋元人經注系列、明清人經注系列。

《儒典》是王志民、杜澤遜先生主編的。本次出版單行本，特請杜澤遜、李振聚、徐泳先生幫助酌定選目。

特此説明。

二〇二四年二月二十八日

目録

橫渠先生易說卷第一

上經

乾

乾元亨利貞

乾之四德終始萬物迎之不見其首隨之不見其後然推本而言當父母萬物

明萬物資始故不得不以元配乾坤其偶也故不得不以元配坤

天下理得元也會而通亨也說諸心利也一天下之動正也貞者專靜也

不曰天地而曰乾坤言天地則有體言乾坤則无

形故性也者雖乾坤亦在其中

初九潛龍勿用九二見龍在田利見大人

大而得易簡之理當成位乎天地之中時舍而不

受命乾九二有焉及夫化而聖矣造而位天德矣

則富貴不足以言之

九三君子終日乾乾夕惕若厲无咎九四或躍在淵

无咎

處陰故曰在淵

九五飛龍在天利見大人上九亢龍有悔用九見羣

龍无首吉彖曰大哉乾元萬物資始乃統天雲行雨

施品物流形大明終始六位時成時乘六龍以御天

乾道變化各正性命保合大和乃利貞

雲行雨施散而无不之也言乾發揮徧被於六十四卦各使成象變言其著化言其漸萬物皆始故性命之各正惟君子爲能與時消息順性命躬天德而誠之行也精義時措故能保合大和建利且正孟子所謂終始條理集大成於聖智者歟易曰大明終始六位時成時乘六龍以御天乾道變化各正性命保合大和乃利貞其此之謂乎

乾道變化各正性命此謂六爻言天道變化趨時者六爻各隨時自正其性命謂六位隨時正性命各有一道理蓋爲時各不同

首出庶物萬國咸寧

　不一則乖競

象曰天行健君子以自強不息潛龍勿用陽在下也

見龍在田德施普也終日乾乾反復道也

　道行也所行即是道易亦言天行健天道也

或躍在淵進无咎也

　或躍進退皆可在淵者性退也故指其極而言也

飛龍在天大人造也

　乾之九五曰飛龍在天利見大人乃大人造位天

　德成性躋聖者耳若夫受命首出則所性不存焉

　故不曰位乎君位而曰位乎天德不曰大人君矣

而曰大人造也

成性則躋聖而位天德乾九二正位於內卦之中有君德矣而非上治也九五言上治者通言乎聖人之德聖人之性捨曰君而謂之天見大人德與位之者皆造也

至健而易至順而簡故其險其阻不可階而升不可逾而至仲尼猶天九五飛龍在天其致一也

亢龍有悔盈不可久也用九天德不可爲首也文言曰元者善之長也亨者嘉之會也利者義之和也貞者事之幹也君子體仁足以長人嘉會足以合禮利物足以和義貞固足以幹事君子行此四德者故曰

乾元亨利貞

仁統天下之善禮嘉天下之會義公天下之利信一天下之動

初九曰潛龍勿用何謂也子曰龍德而隱者也不易乎世不成乎名遯世无悶不見是而无悶樂則行之憂則違之確乎其不可拔潛龍也

孔子喜弟子之不仕蓋爲德未成則不可以仕是行而未成者也故潛勿用龍德而未顯者也不成名不求聞也養實而已樂行憂違不可與德者語也用則行舍則藏惟我與爾有是夫顏子龍德而隱故遯世不見知而不悔聖與聖者同能

遯世不見知而不悔聖人不爲沽激之行以求時知依乎中庸人莫能知以此自信不知悔也大而得簡易之理當成位乎天地之中時舍而不受命乾九二有焉及夫化而聖矣造而位天德矣則富貴不足以言之

樂則行之憂則違之主於吾志而已无所求於外故善世博化龍德而見也潛而未見則爲已而已不暇及夫人者也

孟子不得已而用潛龍者也顏子不用潛龍者也

孟子主教故須說予豈好辯哉予不得已也

九二曰見龍在田利見大人何謂也子曰龍德而正

中者也庸言之信庸行之謹閑邪存其誠善世而不伐德博而化易曰見龍在田利見大人君德也

庸言庸行蓋天下經德達道大人之德施於是者溥矣天下之文明於是著矣然非窮變化之神以時措之宜則或陷於非禮之禮非義之義此顏子所以求龍德而正中乾乾進德思勮其極未敢以方體之常安吾止也

顏氏求龍德正中而未見其止故擇中庸得一善則拳拳服膺歎夫子忽焉前後也乾三四位過中重剛時不可舍庸言庸行不足以濟之雖大人之盛有所不安外趨變化內正性命故其危其疑艱

於見德者時不得舍也九五大人化矣天德位矣成性聖矣故既曰利見大人又曰聖人作而萬物覩亢龍以位畫爲言若聖人則不失其正何亢之有德博而化言化物也以其善世即是化也善其身自化也兼善天下則是化物也知化則是德化聖人自化也化化之況味在學者未易見焉但有此次序

九三曰君子終日乾乾夕惕若厲无咎何謂也子曰君子進德修業忠信所以進德也修辭立其誠所以居業也知至至之可與幾也知終終之可與存義也是故居上位而不驕在下位而不憂故乾乾因其時而惕雖危无咎矣

乾九三修辭立誠非繼日待旦如周公不足以終其業

忠信所以進德學者止是一誠意耳若不忠信如何進德不驕德當至也不憂業當終也

適在不安之位故曰因其時

求致用者幾不可緩將進德者涉義必精此君子所以立多凶多懼之地乾乾德業不少懈於趨時也知至極盡其所知也

九四曰或躍在淵无咎何謂也子曰上下无常非為邪也進退无恒非離羣也君子進德修業欲及時也故无咎

以陽居陰故曰在淵位非所安故或以躍德非爲邪故進退上下惟義所適惟時所合故曰欲及時也能如此擇義則无咎也

九四以陽居陰故曰在淵能不忘於躍乃可免咎非爲邪也終其義也

九五曰飛龍在天利見大人何謂也子曰同聲相應同氣相求水流溼火就燥雲從龍風從虎聖人作而萬物覩本乎天者親上本乎地者親下則各從其類也

谷神能象其聲而應之非謂能報以律呂之變也猶卜筮叩以是言則報以是物而已易謂同聲相

應是也王弼謂命呂者律語聲之變非此之謂也

聖人作萬物覩故利見大人

本乎天者親上本乎地者親下此一章止爲飛龍在天而發龍虎水火之喻蓋明各逐一類去本在上者却上去本在下者却逐下德性本得乎天者

今復在天是各從其類也

上九曰亢龍有悔何謂也子曰貴而无位高而无民賢人在下位而无輔是以動而有悔也

亢而自喪之也

潛龍勿用下也見龍在田時舍也終日乾乾行事也或躍在淵自試也飛龍在天上治也亢龍有悔窮之

災也乾元用九天下治也

居大中安止之地至于三四則不得所安也

聖人神其德不私其身故乾乾自強所以成之於天耳

潛龍勿用陽氣潛藏見龍在田天下文明終日乾乾與時偕行或躍在淵乾道乃革飛龍在天乃位乎天德亢龍有悔與時偕極

顏子未成性是爲潛龍亦未肯止于見龍蓋以其德其時則須當潛顏子與孟子時異顏子有孔子在可以不顯孟子則處師道亦是已老故不得不顯耳九二九三九四至上九皆是時也九四曰上

下无常非爲邪也進退无常非離羣也君子進德脩業欲及時也此時可上可下可進可退非爲邪也即是直也天道不越乎直直方大則不須習行之自无不利非爲邪則是陟降庭止也進德脩業欲及時即是无然畔援无然歆羡誕先登于岸也言无畔去亦无援引亦无歆向亦无羡而不爲誕知登于岸耳岸所處地位也此與進无咎同意惟志在位天德而已位天德大人成性也九三九四大體相似此二時處危難之大聖人則事天愛民不恤其他誕先登于岸九五大人造也造成就也或謂造爲至義亦可大人成性則聖也化化則純

是天德也聖猶天也故不可階而升聖人之教未嘗以性化責人若大人則學可至也位天德則神神則天也故不可以神屬人而言莊子言神人不識義理也又謂至人眞人其辭險窄皆无可取孟子六等至於神則不可言人也上九亢龍緣卦畫而言須分初終終則自是亢極言君位則易有極之理聖人之分則安有過亢

易雖以六爻爲次序而言如此則是以典要求也乾初以其在初處下況聖脩而未成者可也上以居極位畫爲亢聖人則何亢之有若二與三皆大人之事非謂四勝於三三勝於二五又勝於四如

此則是聖可階也三四與二皆言所遇之時二之時平和見龍在田者則是可止之處也時舍時止也以時之和平故利見不至於有害三四則皆時爲難危又重剛又不中至九五則是聖人極致處不論時也飛龍在天況聖人之至若天之不可階而升也大人與聖人自是一節妙處精義入神以致用也利用安身以崇德也以理計之如崇德之事尚可勉勉脩而至若大人以上事則无脩故曰過此以往未之或知言不可得而知也直待已實到窮神知化是德之極盛處也然而人爲者不過大人之事但德盛處惟己知之默而成之不言而

信不怒而威如此方是成就吾之所行大人之事而已故於此爻却説大人者與天地合其德與日月合其明與四時合其序與鬼神合其吉凶如此則是全與天地一體然不過是大人之事惟是心化也故嘗謂大可爲也大而化不可爲也在熟而已蓋大人之事修而可至化則不可加功加功則是助長也要在乎仁熟而已然而至於大以上自是住不得言在熟極有意大與聖難於分別大以上之事如禹稷皋陶輩猶未必能知然須當皆謂之聖人蓋謂所以接人者與聖同但已自知不足不肯自以爲聖如禹之德斯可謂之大矣其心以

天下爲己任規模如此又克己若禹則與聖人直无間別孔子亦謂禹於吾无間然矣久則須至堯舜有人於此敦厚君子无少異聖人之言行然其心與眞仲尼須自覺有殊在他人則安能分別當時至有以子貢爲賢於仲尼者惟子貢則自知之人能以天爲心常以聖人之規模爲己任久於其道則須化而至聖人理之必然如此其大即是天也又要細密處行之并暗隙不欺若心化處則誠未易至孔子猶自謂若聖與仁則吾豈敢儻曰吾聖矣則人亦誰能知故曰知我者其天乎然則必九五言乃位乎天德蓋是成聖實到也不言首出

所性不存焉其實天地也不曰天地而曰天德言德則德位皆造故曰大人造也至此乃是大人之事畢矣五乾之極盛處故以此當聖人之成德言乃位即是實到爲己有也若由思慮勉勉而至者止可言知不可言位也乃位則實在其所矣大抵語勉勉者則是大人之分也勉勉則猶或有退少不勉勉斯退矣所以須學問進德脩業欲成性也成性則縱心皆天也所以成性則謂之聖者如夷之清惠之和不必勉勉彼一節而成性若聖人則於大以成性

剛健故應乎天文明故時行

乾二五皆正中之德五則曰大人造也又曰聖人作而萬物覩大人而外聖乃位乎天德也不言帝王而言天德位不足道也所性不存焉潛龍自是聖人之德備具但未發見

見龍成性至飛龍則位天德

乾元用九乃見天則乾元者始而亨者也利貞者性情也

利貞者性情也以利解性以貞解情利流通之義貞者實也利快利也貞實也利性也貞情也情儘在氣之外其發見莫非性之自然快利盡性所以神也情則是實事喜怒哀樂之謂也欲喜者如此

喜之欲怒者如此怒之欲哀樂者如此樂之哀之
莫非性中發出實事也
乾始能以美利利天下不言所利大矣哉大哉乾乎
剛健中正純粹精也六爻發揮旁通情也
剛健中正中爻之德
剛健中正純粹精也主以中正爲精也六爻發揮
言時各異旁通情也情猶言用也六爻擬議各正
性命其乾德旁通不失大和而和且正也
時乘六龍以御天也雲行雨施天下平也君子以成
德爲行日可見之行也
成德爲行德成自信而不疑所以日見于外可也

潛之爲言也隱而未見行而未成是以君子弗用也

君子學以聚之問以辯之寬以居之仁以行之

君子之道成身成性以爲功者也未至於聖皆行未成之地耳顔子之徒隱而未見行而未成故曰吾聞其語矣未見其人也龍德而隱聖修而未成者也非如學者之未成凡言龍喻聖也若顔子可以當之雖伯夷之學猶不可言龍龍即聖人之德

顔子則術正也

易曰見龍在天利見大人君德也九三重剛而不中上不在天下不在田故乾乾因其時而惕雖危无咎矣九四重剛而不中上不在天下不在田中不在人

故或之或之者疑之也故无咎

此以六畫分三才也以下二畫屬地則四遠於地故言中不在人若三則止言不在天在田而已

夫大人者與天地合其德與日月合其明與四時合其序與鬼神合其吉凶先天而天弗違後天而奉天時天且弗違而况于人乎况于鬼神乎六之爲言也知進而不知退知存而不知亡知得而不知喪其唯聖人乎知進退存亡而不失其正者其唯聖人乎

浩然无間則天地合德照无偏係則日月合明天地同流則四時合序酬酢不倚則鬼神合吉凶天地合德日月合明然後能无方无體然後无我

先後天而不違順至理以推行知无不合也雖然得聖人之任皆可勉而至猶不害於未化爾

坤

坤元亨利牝馬之貞君子有攸往先迷後得主利西南得朋東北喪朋安貞吉

以西南爲得朋乃安貞之德也以東北爲喪朋雖得主有慶而不可懷也西南土之位東北木之位也

西南得朋東北喪朋江沱之間有嫡不以其媵備數是不能喪朋也媵遇勞而无怨却是能喪朋者其卒嘯也歌是乃終有慶也此婦人之教大者也

西南致養之地東北反西南者也陰陽正合則陰相對者必陽也西南得朋是始以類相從而來也東北喪朋喪朋相忘之義聽其自治不責人不望人是喪其朋也喪朋則有慶也江有沱有汜有渚皆是始離而終合之象也有嫡不以其媵備數是不能喪朋媵遇勞而无怨是能喪朋也以其能喪朋故能始離而終合之子歸自嫡也不我以不我與不我過皆言其始之不均一也其後也悔嫡自悔也處既安既處之處也始離而終既處也歌是乃終有慶慶則同有慶

彖曰至哉坤元萬物資生乃順承天坤厚載物德合

无疆含弘光大品物咸亨牝馬地類行地无疆柔順
利貞君子攸行先迷失道後順得常
坤先迷不知所從故失道後能順聽則得其常矣
西南得朋乃與類行東北喪朋乃終有慶安貞之吉
應地无疆象曰地勢坤君子以厚德載物初六履霜
堅冰至象曰履霜堅冰陰始凝也馴致其道至堅冰
也六二直方大不習无不利象曰六二之動直以方
也不習无不利地道光也
地道之有孚者故曰光也
六三含章可貞或從王事无成有終象曰含章可貞
以時發也或從王事知光大也

六三以陰居陽不獨有柔順之德其知光大含蘊
文明可從王事者也然不可動以躁妄故可靜一
以俟時不可有其成功故无成乃有終也
六四括囊无咎无譽象曰括囊无咎愼不害也六五
黄裳元吉象曰黄裳元吉文在中也上六龍戰于野
其血玄黄象曰龍戰于野其道窮也用六利永貞象
曰用六永貞以大終也文言曰坤至柔而動也剛至
靜而德方後得主而有常含萬物而化光坤道其順
乎承天而時行

效法故光

屈伸動靜終始各自別今以剛柔言之剛何嘗无

靜柔何嘗无動坤至柔而動也剛則柔亦有剛靜亦有動但舉一體則有屈伸動靜終始乾行不妄則坤順必時也

積善之家必有餘慶積不善之家必有餘殃

餘慶餘殃百祥百殃與中庸必得之義同善者有後不善者无後理當然其不然者亦恐遲晚中間譬之瘠之或秀腴之或不秀然而不直之生也幸而免遇外物大抵適然耳君子則不恤惟知有義理

臣弑其君子弑其父非一朝一夕之故其所由來者漸矣由辯之不早辯也易曰履霜堅冰至蓋言順也

直其正也方其義也君子敬以直內義以方外

敬以直內則不失於物義以方外則得已敬義一道也敬所以成仁也蓋敬則實爲之實爲之故成其仁

敬義立而德不孤直方大不習无不利則不疑其所行也陰雖有美含之以從王事弗敢成也地道也妻道也臣道也地道无成而代有終也天地變化草木蕃天地閉賢人隱易曰括囊无咎无譽蓋言謹也君子黃中通理正位居體美在其中而暢於四支發於事業美之至也陰疑於陽必戰爲其嫌於无陽也故稱龍焉猶未離其類也故稱血焉夫玄黃者天地之

雜也天玄而地黃

　正位居體所以應黃裳之美

　屯

屯元亨利貞勿用有攸往利建侯彖曰屯剛柔始交

而難生動乎險中大亨貞雷雨之動滿盈天造草昧

宜建侯而不寧

　往則失其居矣

象曰雲雷屯君子以經綸

　雲雷皆是氣之聚處屯聚也

初九磐桓利居貞利建侯象曰雖磐桓志行正也以

貴下賤大得民也

磐桓猶言柱石磐磐石也桓桓柱也謂利建侯如
柱石在下不可以動然志在行正也
六二屯如邅如乘馬班如匪寇婚媾女子貞不字十
年乃字象曰六二之難乘剛也十年乃字反常也
班布不進之貌
六三即鹿无虞惟入于林中君子幾不如舍往吝象
曰即鹿无虞以從禽也君子舍之往吝窮也
處非其地故曰入于林中虞防禁也二以乘剛有
寇故五若可親五屯其膏故不若捨之
六四乘馬班如求婚媾往吉无不利象曰求而往明
也九五屯其膏小貞吉大貞凶象曰屯其膏施未光

也上六乘馬班如泣血漣如象曰泣血漣如何可長
也
待求而往

蒙

蒙亨匪我求童蒙童蒙求我初筮告再三瀆瀆則不
告利貞
禮聞取道義於人不聞取其人之身來之爲言屬
有道義者謂之來來學者就道義而學之往教者
致其人而取教也童蒙求我匪我求童蒙是也
教人當以次守得定不妄施易曰初筮告再三瀆
瀆則不告是剛中之德也

彖曰蒙山下有險險而止蒙

險而止蒙蒙亨以亨行時中也夫險而不止則入于坎入于蹇不止則是安其危之類也以其知險而止也故成蒙之義方以有求童蒙求我匪我求童蒙以蒙而求故能時中所以亨也

人心多則无由光明蒙雜而著著古着字雜着於物所以爲蒙蒙昏蒙也

蒙亨以亨行時中也匪我求童蒙童蒙求我志應也初筮告以剛中也再三瀆瀆則不告瀆蒙也蒙以養正聖功也象曰山下出泉蒙君子以果行育德

時之義甚大 如蒙亨以亨行時中也者蒙何嘗有

亨以九二之亨行蒙者之時中故蒙所以得亨也蒙无遽亨之理以九二循循行時中之亨也蒙卦之義主之者全在九二彖之所論皆二之義教者但觀蒙者時之所及則道之此是亨行時也此時也正所謂如時雨化之如既引之中道而不使之通則是教者之過當時而道之使不失其正則是教者之功養其蒙使正者聖人之功也

初六發蒙利用刑人用説桎梏以往吝象曰利用刑人以正法也

以柔下賢居於坎陷然无所私係用心存公雖不能諭人於道以辨曲直正法可也善行法者多説

於任刑道非弘矣故以往吝故君子哀矜而勿喜也故一作終

九二包蒙吉納婦吉子克家象曰子克家剛柔接也

擇婦而納之則吉

九二以下卦之中主卦德故曰子克家以子任家必剛柔得中乃濟不可嚴厲也

六三勿用取女見金夫不有躬无攸利

金夫二也不有躬履非正則不能固於一也

象曰勿用取女行不順也六四困蒙吝象曰困蒙之吝獨遠實也六五童蒙吉象曰童蒙之吉順以巽也

不愿不信蒙之失正者也故蒙正如童吉與夫彖

之義同

上九擊蒙不利爲寇利禦寇象曰利用禦寇上下順也

蒙暗犯寇禦之可也以剛明極顯而寇蒙暗則傷義而衆不率也九二以剛居中故能包蒙而吉

需

需有孚光亨貞吉利涉大川

剛健而不陷而能俟時故有孚於光亨也

訟需坎皆言有孚必然之理也又如未濟飲酒濡首亦言有孚義同此

彖曰需須也險在前也剛健而不陷其義不困窮矣

需有孚光亨貞吉位乎天位以正中也利涉大川往有功也象曰雲上於天需君子以飲食宴樂

雲上於天需君子以飲食宴樂九五需于酒食貞吉未濟亦有孚于飲酒以陰在前无所施爲惟於飲食而已

初九需于郊利用恒无咎象曰需于郊不犯難行也利用恒无咎未失常也九二需于沙小有言終吉象曰需于沙衍在中也雖小有言以吉終也九三需于泥致寇至象曰需于泥災在外也自我致寇敬愼不敗也六四需于血出自穴象曰需于血順以聽也

以柔居陰不能禦强來則聽順而辟其路

九五需于酒食貞吉象曰酒食貞吉以中正也上六入于穴有不速之客三人來敬之終吉象曰不速之客來敬之終吉雖不當位未大失也

上无所出故降入自穴恭以納之雖處極上不至於失

訟

訟有孚窒惕中吉終凶利見大人不利涉大川彖曰訟上剛下險險而健訟訟有孚窒惕中吉剛來而得中也終凶訟不可成也利見大人尚中正也不利涉大川入于淵也象曰天與水違行訟君子以作事謀始初六不永所事小有言終吉象曰不永所事訟不

可長也雖小有言其辯明也
初於正應中有陰陽之間不无訟但以陰居下體爲柔順履險方初不永所事其理辨直故小有言終吉直一作正
九二不克訟歸而逋其邑人三百戶无眚象曰不克訟歸逋竄也自下訟上患至掇也
處險體剛好訟者也上下二陰俱非已應理爲不直故不訟歸而逋竄使其邑人之衆无辜被禍故曰邑人无眚
六三食舊德貞厲終吉或從王事无成象曰食舊德從上吉也

履非其位處險之極若能不爲他累專應上九則雖危終吉故曰舊德以陰居陽又處成功必有悔吝故曰无成

九四不克訟復即命渝安貞吉象曰復即命渝安貞不失也九五訟元吉象曰訟元吉以中正也上九或錫之鞶帶終朝三褫之象曰以訟受服亦不足敬也

體健而比於三理爲不直故不克訟

師

師貞丈人吉无咎

丈人剛過太公近之剛正剛中則是大人聖人得中道也太公則必待誅紂時雖鷹揚所以爲剛過

不得稱大人

彖曰師衆也貞正也能以衆正可以王矣剛中而應行險而順以此毒天下而民從之吉又何咎矣象曰地中有水師君子以容民畜衆初六師出以律否臧凶象曰師出以律失律凶也

師出以律師之始也體柔居賤不善用律故凶

九二在師中吉无咎王三錫命象曰在師中吉承天寵也王三錫命懷萬邦也

懷愛萬邦故所以重將帥

六三師或輿尸凶象曰師或輿尸大无功也

陰柔之質履不以正以此帥衆固不能一師丈人

吉非陰柔所禦

六四師左次无咎象曰左次无咎未失常也

次之不戰之地則不失其常

六五田有禽利執言无咎長子帥師弟子輿尸貞凶

象曰長子帥師以中行也弟子輿尸使不當也

柔居盛位見犯乃較故无咎任寄非一行師之凶

也

上六大君有命開國承家小人勿用象曰大君有命

以正功也小人勿用必亂邦也

師終必推賞然小人雖有功不可胙之以土長亂

也承猶繼世之承也

比

比吉原筮元永貞无咎不寧方來後夫凶彖曰比吉也比輔也下順從也原筮元永貞无咎以剛中也不寧方來上下應也後夫凶其道窮也象曰地上有水比先王以建萬國親諸侯

必原筮者慎所與也

初六有孚比之无咎有孚盈缶終來有它吉象曰比之初六有它吉也

柔而无應能擇有信者親之已之誠素著顯終有它吉比好先也

六二比之自内貞吉象曰比之自内不自失也

愛自親始人道之正故曰貞吉

六三比之匪人象曰比之匪人不亦傷乎

履非其正比之必匪其人故可傷

六四外比之貞吉象曰外比於賢以從上也九五顯比王用三驅失前禽邑人不誡吉象曰顯比之吉位正中也舍逆取順失前禽也邑人不誡上使中也上六比之无首凶象曰比之无首无所終也

失前禽謂三面而驅意在緩逸之不務殺惟順奔然后取之故被傷者少也

以剛居中而顯明比道伐止有罪不爲濫刑故邑人不誡爲上用中此之謂也不比者不懲非用中

也故比必顯之然殺不可務也一云上使中者付
得其人也

小畜

小畜亨密雲不雨自我西郊彖曰小畜柔得位而上
下應之曰小畜健而巽剛中而志行乃亨密雲不雨
尚往也自我西郊施未行也象曰風行天上小畜君
子以懿文德

自我西郊剛陽之氣進而不已也

初九復自道何其咎吉象曰復自道其義吉也

以理而升進之於應也

九二牵復吉象曰牵復在中亦不自失也

初反自道三爲說輻二以彙征在中故未爲失

九三輿說輻夫妻反目象曰夫妻反目不能正室也

近而相比故說輻而不能進反爲柔制故曰反目

非其偶也故不能正其室

六四有孚血去惕出无咎象曰有孚惕出上合志也

以陰居陰其體不躁故曰有孚能上比於五與之

合志雖爲羣下所侵被傷而去懷懼而出於義无

咎

九五有孚攣如富以其鄰象曰有孚攣如不獨富也

上九既雨既處尚德載婦貞厲月幾望君子征凶象

曰既雨既處德積載也君子征凶有所疑也

六四爲衆陽之主已能接之以信孿如不疑則亦
爲衆所歸故曰富以其鄰

履

履虎尾不咥人亨彖曰履柔履剛也說而應乎乾是
以履虎尾不咥人亨
說雖應乾而二不累五也
剛中正履帝位而不疚光明也
无陰柔之累故不疚此所以正一卦之德也
象曰上天下澤履君子以辯上下定民志初九素履
往无咎象曰素履之往獨行願也
陰累不干无應於上故其履潔素

九二履道坦坦幽人貞吉象曰幽人貞吉中不自亂也

中正不累无援於上故中不自亂得幽人之正

六三眇能視跛能履履虎尾咥人凶武人爲于大君象曰眇能視不足以有明也跛能履不足以與行也咥人之凶位不當也武人爲于大君志剛也

大君者爲衆爻之主也武人者剛而不德也

九四履虎尾愬愬終吉象曰愬愬終吉志行也

二五不累於己處多懼之地近比於三能常自危則志願終吉陽居陰故不自肆常自危也

九五夬履貞厲象曰夬履貞厲位正當也上九視履

考祥其旋元吉象曰元吉在上大有慶也
視所履以考求其吉莫如旋而反下則獲應而有
喜也
乘剛未安其進也寧旋
泰
泰小往大來吉亨彖曰泰小往大來吉亨則是天地
交而萬物通也上下交而其志同也内陽而外陰内
健而外順内君子而外小人君子道長小人道消也
象曰天地交泰后以財成天地之道輔相天地之宜
以左右民初九拔茅茹以其彙征吉象曰拔茅征吉
志在外也九二包荒用馮河不遐遺朋亡得尚于中

行象曰包荒得尚于中行以光大也
　中行中立之行也若朋比則未足尚也舜文之大
　不是過也
九三无平不陂无往不復艱貞无咎勿恤其孚于食
有福象曰无往不復天地際也
　因交與之際以著戒能艱貞則享福可必
六四翩翩不富以其鄰不戒以孚象曰翩翩不富皆
失實也不戒以孚中心願也
　陰陽皆未安其分故家不富志不寧
六五帝乙歸妹以祉元吉象曰以祉元吉中以行願
也

雖陰陽義反取交際爲大義

上六城復于隍勿用師自邑告命貞吝象曰城復于隍其命亂也

泰極則否非力所支故不可以師其勢愈亂正以命令諭衆然終吝道也故知者先幾艱貞无咎著戒未然也

否

否之匪人不利君子貞大往小來彖曰否之匪人不利君子貞大往小來則是天地不交而萬物不通也上下不交而天下无邦也内陰而外陽内柔而外剛内小人而外君子小人道長君子道消也象曰天地

不交否君子以儉德辟難不可榮以祿

蓋言上下不交便天下无邦有邦而與无邦同以不成國體也在天下他國皆无道只一邦治亦不可言天下无道須是都不治然後是天下无道也於否之時則天下无邦也古之人一邦不治別之一邦直至天下皆无邦可之則止有隱耳无道而隱則惟是有朋友之樂而已子欲居九夷未敢必天下之无邦或夷狄有道於今海上之國儘有仁厚之治者

初六拔茅茹以其彙貞吉亨象曰拔茅貞吉志在君也

柔順處下居否以靜者也能以類正吉而必亨不事苟合志在得主者歟

六二包承小人吉大人否亨象曰大人否亨不亂羣也

處二陰之間上順下容衆不可異故其道否乃亨

六三包羞象曰包羞位不當也

處否而進履非其位非知耻者也

九四有命无咎疇離祉象曰有命无咎志行也

居否之世以陽處陰有應於下故雖有所命无咎也

九五休否大人吉其亡其亡繫于苞桑象曰大人之

吉位正當也上九傾否先否後喜象曰否終則傾何可長也

以亡爲懼故能休其否

包桑從下叢生之桑叢生則其根牢書云厥草惟包如竹叢蘆葦之類河朔之桑多從根斬條取葉其生叢然

同人

同人于野亨利涉大川利君子貞彖曰同人柔得位得中而應乎乾曰同人同人曰同人于野亨利涉大川乾行也文明以健中正而應君子正也唯君子爲能通天下之志象曰天與火同人君子以類族辯物

不能與人同未足爲正也

天下之心天下之志自是一物天何常有如此間

別

初九同人于門无咎象曰出門同人又誰咎也六二同人于宗吝象曰同人于宗吝道也九三伏戎于莽升其高陵三歲不興象曰伏戎于莽敵剛也三歲不興安行也九四乘其墉弗克攻吉象曰乘其墉義弗克也其吉則困而反則也九五同人先號咷而後笑大師克相遇象曰同人之先以中直也大師相遇言相克也上九同人于郊无悔象曰同人于郊志未得也

二與五應而爲佗間已直人曲望之必深故號咷
也師直而壯義同必克故遇而後笑

大有

大有元亨彖曰大有柔得尊位大中而上下應之曰
大有其德剛健而文明應乎天而時行是以元亨
柔得盛位非所固有故曰大有
剛健故應乎天文明故時行
象曰火在天上大有君子以遏惡揚善順天休命
柔能大有非天道也乃天命也故曰順天休命遏
惡揚善勉衆也
初九无交害匪咎艱則无咎象曰大有初九无交害

也

二應於五三能自通四匪其旁惟初九交故有害

然非其咎

九二大車以載有攸往无咎象曰大車以載積中不敗也九三公用享于天子小人弗克象曰公用享于天子小人害也

非柔中文明之主不能察非剛健不私之臣不能通故曰小人弗克

九四匪其彭无咎象曰匪其彭无咎明辯晳也六五厥孚交如威如吉象曰厥孚交如信以發志也威如之吉易而无備也

人威重有德望則人自畏服易曰厥孚交如威如吉君子以至誠交人然後有威重威如之吉易而无備也君子至平易有何關防擬備惟以抑抑威儀爲德之隅儼然人望而畏之既易而无備則威如乃吉也

上九自天祐之吉无不利象曰大有上吉自天祐也

以剛而下柔居上而志應於中故曰履信思順又以尚賢蓋五陽一陰又无物以間焉耳剛柔相求情也信也

謙

謙亨君子有終彖曰謙亨天道下濟而光明

止於下故光明
地道卑而上行天道虧盈而益謙地道變盈而流謙鬼神害盈而福謙人道惡盈而好謙謙尊而光卑而不可踰君子之終也
人樂尊之故光而不掩志下於人故人不能加天以廣大自然取貴人自要尊大須意我固必欲順已尊已又悅已之情此所以取辱取怒也謙尊而光卑而不可踰夫尊者謙則更光卑者巳謙又如何踰之此天德至虛者焉以其能謙故尊而益光卑又无人可踰蓋巳謙矣復如何踰越也謙天下之良德

象曰地中有山謙君子以裒多益寡稱物平施

隱高於卑謙之象也

易大象皆是實事卦爻小象則容有寓意而已言風自火出家人家人之道必自烹飪始風風也教也蓋言教家人之道必自此始也又如言木上有水井則明言井之實事也又言地中有山謙夫山者崇高之物非謙而何又如言雲雷屯雲雷皆是氣之聚處屯聚也

多者寡者皆量宜下之

初六謙謙君子用涉大川吉象曰謙謙君子卑以自牧也

牧逸也

六二鳴謙貞吉象曰鳴謙貞吉中心得也

體柔居正故以謙獲譽與上六之鳴異矣故曰正
吉

九三勞謙君子有終吉象曰勞謙君子萬民服也

中心安之也有終則吉人所難能

六四无不利撝謙象曰无不利撝謙不違則也

裒多益寡无不盡道舉措皆謙

六五不富以其鄰利用侵伐无不利象曰利用侵伐
征不服也上六鳴謙利用行師征邑國象曰鳴謙志
未得也可用行師征邑國也

下應於三其迹顯聞故曰鳴謙最上用謙爲衆所服故利用行師然聲鳴其謙必志有求焉非如六二之正也三上於下如邑國之未賓也一云鳴謙則師有名

豫

豫利建侯行師彖曰豫剛應而志行順以動豫豫順以動故天地如之而況建侯行師乎

上順而下不動非建侯行師之利也

天地以順動故日月不過而四時不忒聖人以順動則刑罰清而民服豫之時義大矣哉象曰雷出地奮豫先王以作樂崇德殷薦之上帝以配祖考

王者之樂莫大於是
初六鳴豫凶象曰初六鳴豫志窮凶也
知幾者上交不諂今得應於上豫獨著聞終凶之
道也故凡豫之理莫若安其分動以義也
六二介于石不終日貞吉象曰不終日貞吉以中正
也六三盱豫悔遲有悔象曰盱豫有悔位不當也九
四由豫大有得勿疑朋盍簪象曰由豫大有得志大行
也六五貞疾恒不死象曰六五貞疾乘剛也恒不死
中未亡也上六冥豫成有渝无咎象曰冥豫在上何
可長也
不終日貞吉言疾正則吉也六二以陰居陰獨无

累於四故其介如石坤體柔順以其在中而靜何俟終日必知幾而正矣體順用中以陰居陰堅介如石故在理則悟爲豫之吉莫甚焉不以悅豫而流也

隨

隨元亨利貞无咎彖曰隨剛來而下柔動而說隨大亨貞无咎而天下隨時隨時之義大矣哉象曰澤中有雷隨君子以嚮晦入宴息

上九下居於初也故曰剛來下柔

初九官有渝貞吉出門交有功象曰官有渝從正吉也出門交有功不失也

言凡所治務能變而任正不膠柱也處隨之初爲動之主心无私係故能動必擇義善與人同者也

六二係小子失丈夫象曰係小子弗兼與也六三係丈夫失小子隨有求得利居貞象曰係丈夫志舍下也

舍小隨大所求可得必守正不邪乃吉

九四隨有獲貞凶有孚在道以明何咎象曰隨有獲其義凶也有孚在道明功也

以陽居陰利於比三則凶也處隨之世爲衆所附苟利其獲凶之道也能以信存道則功業可明无所咎矣

九五孚于嘉吉象曰孚于嘉吉位正中也上六拘係之乃從維之王用亨于西山象曰拘係之上窮也

處隨之世而剛正宅尊善爲衆信故吉或曰孚於二則吉

蠱

蠱元亨利涉大川

元亨然後利涉大川

先甲三日後甲三日彖曰蠱剛上而柔下巽而止蠱

憂患内萌蠱之謂也泰終反否蠱之體也弱而止待能之時也

蠱元亨而天下治也利涉大川往有事也先甲三日

後甲三日終則有始天行也象曰山下有風蠱君子以振民育德

後甲三日成前事之終先甲三日善後事之始也剛上柔下故可爲之唱是故先甲三日以蠲其法後甲三日以重其初明終而復始通變不窮也至於巽之九五以其上下皆柔故必无初有終是故先庚後庚不爲物首也於甲取應物而動順乎民心也一本爲事之唱法一作治

初六幹父之蠱有子考无咎厲終吉象曰幹父之蠱意承考也

處下不係應于上如子之專制雖意在承考然亦

危厲以其柔巽故終吉

九二幹母之蠱不可貞象曰幹母之蠱得中道也

剛中用巽以剛係柔幹母之蠱得剛柔之中也

九三幹父之蠱小有悔无大咎象曰幹父之蠱終无

咎也

義如初六小有悔者以其剛也

六四裕父之蠱往見吝象曰裕父之蠱往未得也

裕父之蠱不能爲父除患能寬裕和緩之而已以

柔居陰失之太柔故吝正固乃可幹事以柔致遠

往未得也

六五幹父之蠱用譽象曰幹父用譽承以德也

雖天子必有繼也故亦云幹父之蠱

上九不事王侯高尚其事象曰不事王侯志可則也

隱居以求其志故可則也

臨

臨元亨利貞至于八月有凶彖曰臨剛浸而長說而順剛中而應大亨以正天之道也至于八月有凶消不久也象曰澤上有地臨君子以教思无窮容保民无疆

臨言有凶者大抵易之於爻變陽至二便爲之戒恐有過滿之萌未過中已戒猶履霜堅冰之義及泰之三曰无平不陂无往不復皆過中之戒也

初九咸臨貞吉象曰咸臨貞吉志行正也

臨爲剛長已志應上故雖感而行正也

九二咸臨吉无不利象曰咸臨吉无不利未順命也

非咸則有上下之疑有所不利

六三甘臨无攸利既憂之无咎象曰甘臨位不當也

既憂之咎不長也

體説乘剛故甘邪説求容而以臨物安有所利能

自憂懼庶可免咎

六四至臨无咎象曰至臨无咎位當也

以陰居陰體順應正盡臨之道雖在剛長可以无

咎 正一作説

六五知臨大君之宜吉象曰大君之宜行中之謂也

順命行中天子之宜

上六敦臨吉无咎象曰敦臨之吉志在内也

體順則无所違極上則无所進不以无應而志在於臨故曰敦臨志在内也

觀

觀盥而不薦有孚顒若

盥求神而薦褻也

彖曰大觀在上順而巽中正以觀天下觀盥而不薦有孚顒若下觀而化也觀天之神道而四時不忒聖人以神道設教而天下服矣象曰風行地上觀先王

以省方觀民設教

内順外巽示民以順而外從巽此祭所以爲教之本故盥而不薦中正以觀天下又曰大觀在上皆謂五也凡言觀我生亦皆謂五也天不言藏其用而四時行神道如盥而不薦之類盥簡潔而神薦褻近而煩也

有兩則須有感然天之感有何思慮莫非自然聖人則能用感何謂用感凡教化設施皆是用感也作於此化於彼者皆感之道聖人以神道設教是也

天不言而四時行聖人設教而天下服戒於此動

於彼神之道歟

初六童觀小人无咎君子吝象曰初六童觀小人道也

所觀者末小人之道施於君子則吝

六二闚觀利女貞象曰闚觀女貞亦可醜也

得婦人之道雖正可羞

六三觀我生進退象曰觀我生進退未失道也

觀上所施而進退雖以陰居陽於道未失以其在下卦之體而應於上故曰進退

六四觀國之光利用賓于王象曰觀國之光尚賓也

體柔巽而以陰居下賓之必无過也故利下一作陰

九五觀我生君子无咎象曰觀我生觀民也

觀我所自出者

上九觀其生君子无咎象曰觀其生志未平也

以剛陽極上之德居不臣不任之位以觀國家之政志有所未平也有君子循理之心則可免咎俯視九五之爲故曰觀其生

噬嗑

噬嗑亨利用獄彖曰頤中有物曰噬嗑噬嗑而亨

子路禮樂文章未足盡爲政之道以其重然諾言爲衆信故片言可以折獄如易利用獄利用刑人皆非卦爻盛德適能是而已焉

剛柔分動而明雷電合而章

九五分而下初六分而上故曰剛柔分合而章合而成文也

柔得中而上行雖不當位利用獄也象曰雷電噬嗑

先王以明罰勑法

六自初而進之於五故曰上行

初九屨校滅趾无咎象曰屨校滅趾不行也

戒之在初小懲可止故无咎

六二噬膚滅鼻无咎象曰噬膚滅鼻乘剛也

六三居有過之地而已噬之乘剛而動爲力不勞

動未過中故无咎

六三噬腊肉遇毒小吝无咎象曰遇毒位不當也

所間在四四爲剛陽故曰腊肉非禮傷義故曰遇毒能以爲毒而舍之雖近不相得小有吝而无咎也

九四噬乾胏得金矢利艱貞吉象曰利艱貞吉未光也

五爲陰柔故喻乾胏能守正得剛直之義故艱正吉其德光大則其正非艱也

六五噬乾肉得黄金貞厲无咎象曰貞厲无咎得當也上九何校滅耳凶象曰何校滅耳聰不明也

九四上九難於屈服故曰乾肉得居中持堅之義

正而危則得无咎也

賁

賁亨小利有攸往彖曰賁亨柔來而文剛故亨分剛上而文柔故小利有攸往天文也文明以止人文也觀乎天文以察時變觀乎人文以化成天下象曰山下有火賁君子以明庶政无敢折獄

无敢折獄者明不兼於下民未孚也故止可明政以示民耳

初九賁其趾舍車而徒象曰舍車而徒義弗乘也

文明之德以貴居賤修飾於下故曰賁其趾義非苟進故曰舍車而徒

六二賁其須象曰賁其須與上興也

　賁其須起意在上也

九三賁如濡如永貞吉象曰永貞之吉終莫之陵也

　上下皆柔无物陵犯然不可邪妄自肆故永貞然後終保无悔

六四賁如皤如白馬翰如匪寇婚媾象曰六四當位疑也匪寇婚媾終无尤也

　以陰居陰性爲艮止故志堅行潔終无尤累

六五賁于丘園束帛戔戔吝終吉象曰六五之吉有喜也

　陰陽相固物所阜生柔中之德比於上九止九敦

素因可恃而致富雖爲悔吝然獲其吉也其道上行故曰丘園悔一作隘

上九白賁无咎象曰白賁无咎上得志也

上而居高潔无所累爲物所貴故曰上得志也上一作止

剥

剥不利有攸往彖曰剥剥也柔變剛也不利有攸往小人長也順而止之觀象也君子尚消息盈虛天行也象曰山附於地剥上以厚下安宅

處剥之時順上以觀天理之消息盈虛

初六剥牀以足蔑貞凶象曰剥牀以足以滅下也六

二剥牀以辨蔑貞凶象曰剥牀以辨未有與也
三雖陰類然志應在上二不能進剥陽爻徒用口
舌間説力未能勝故象曰未有與也然志在滅陽
故亦云蔑貞凶
六三剥之无咎象曰剥之无咎失上下也
獨應於陽故反爲衆陰所剥然无所咎
六四剥牀以膚凶象曰剥牀以膚切近災也
迫近君位猶自下剥牀至牀之膚將及於人也不
言蔑正剥道成矣一云五於陰陽之際義必上比
故以喻膚
六五貫魚以宫人寵无不利象曰以宫人寵終无尤

也
六五爲上九之膚能下寵衆陰則陽獲安而无不利矣異於六三者以其居尊制裁爲卦之主故不云剥之也終无尤怨者以小人之心不過圖寵利而已不以宫人見畜爲耻也陰陽之際近必相比六五能上附於陽反制羣陰不使進逼方得處剥之善下无剥之之憂上得陽功之庇故曰无不利
上九碩果不食君子得輿小人剥廬象曰君子得輿民所載也小人剥廬終不可用也
處剥之世有美實而不見採然其得備猶爲民所載小人處下則剥牀處上則反傷於下是終不可

用之也

復

復亨出入无疾朋來无咎反復其道七日來復利有攸往

靜之動也无休息之期故地雷爲卦言反又言復終則有始循環无窮人指其化而裁之耳深其反也幾其復也故曰反復其道又曰出入无疾

彖曰復亨剛反動而以順行是以出入无疾朋來无咎反復其道七日來復天行也利有攸往剛長也復其見天地之心乎

復言天地之心咸恒大壯言天地之情心内也其

原在内時則有形見情則見於事也故可得而名狀自姤而剥至於上九其數六也剥之與復不可容線須臾不復則乾坤之道息也故適盡即生更无先後之次也此義最大臨卦至於八月有凶此言七日來復何也剛長之時豫戒以陰長之事故言至於八月有凶若復則不可須臾斷故言七日七日者晝夜相繼元无斷續之時也大抵言天地之心者天地之大德曰生則以生物爲本者乃天地之心也地雷見天地之心者天地之心惟是生物天地之大德曰生也雷復於地中卻是生物彖曰終則有始天行也天行何嘗有息正以靜有何

期程此動是靜中之動靜中之動動而不窮又有甚首尾起滅自有天地以來以迄于今蓋爲靜而動天則无心无爲无所主宰恒然如此有何休歇人之德性亦與此合乃是巳有苟心中造作安排而靜則安能久然必從此去蓋靜者進德之基也

象曰雷在地中復先王以至日閉關商旅不行后不省方

凡言后者大宰謂繼體守成之主也復言先王以至日閉關商旅不行后不省方以此校之則后爲繼承之主明矣先王以至日閉關者先王所重於至日以其順陰陽往來閉關者取其靜也閉關則

商旅不行先王无放過事順時以示法亦以示民后不省方如言富庶優暇不甚省事又明是繼文之主

初九不遠復无祇悔元吉象曰不遠之復以修身也

祇猶承也受也一云祇悔作神祇之祇祇之爲義示也效也見也言悔可使亡不可使成而形也

六二休復吉象曰休復之吉以下仁也

下比於陽故樂行其善

六三頻復厲无咎象曰頻復之厲義无咎也

所覰非位非頻蹙自危不能无吝 吝一作咎

六四中行獨復象曰中行獨復以從道也

柔危之世以中道合正應故不與羣爻同

六五敦復无悔象曰敦復无悔中以自考也

性順位中无它應援以敦實自求而已剛長柔危之世能以中道自考故可无悔不然取悔必矣

上六迷復凶有災眚用行師終有大敗以其國君凶至于十年不克征象曰迷復之凶反君道也

君道過亢反常无施而可故天災人害師敗君凶久衰而不可振也

无妄

无妄元亨利貞其匪正有眚不利有攸往彖曰无妄剛自外來而爲主於内動而健剛中而應大亨以正

天之命也其匪正有眚不利有攸往无妄之往何之
矣天命不祐行矣哉
无妄四德无妄而後具四德也其曰匪正有眚對
无妄雷行天動也天動不妄故曰无妄天動不妄
則物亦无妄乾道變化各正性命也
象曰天下雷行物與无妄先王以茂對時育萬物
物因雷動雷動不妄則物亦不妄故曰物與无妄
育不以時害莫甚焉
初九无妄往吉象曰无妄之往得志也
易所謂得志者聖賢獲其願欲者也得臣无家堯
之志也貞吉升階舜之志也

六二不耕穫不菑畬則利有攸往象曰不耕穫未富也

柔之爲道不利遠者能遠利不爲物首則可乘剛處實則凶

六三无妄之災或繫之牛行人之得邑人之災象曰行人得牛邑人災也

妄災之大莫大於妄誅於人以陰居陽體躁而動遷怒肆暴災之甚者繫牛爲說縁耕穫生詞

九四可貞无咎象曰可貞无咎固有之也九五无妄之疾勿藥有喜象曰无妄之藥不可試也

體健居尊得行其志故以无妄爲疾

无妄之疾疾无妄之謂也欲妄動而不敢妄是則以无妄爲疾者也如孟子言有法家拂士是疾无妄者也以无妄爲病而醫之則妄之意遂矣故曰勿藥有喜又曰不可試也言不可用藥治之

上九无妄行有眚无攸利象曰无妄之行窮之災也進而過中是无妄而行也

大畜

大畜利貞不家食吉利涉大川彖曰大畜剛健篤實輝光日新其德剛上而尚賢能止健大正也不家食吉養賢也利涉大川應乎天也象曰天在山中大畜君子以多識前言往行以畜其德

剛健篤實日新其德乃天德也

陽卦在上而上九又在其上故曰剛上而尚賢強學者往往心多好勝必无心處一乃養也定然後始有光明惟能定已是光明矣若常移易不定何求光明易大抵以足爲止止乃光明時止時行動靜不失其時其道光明謙天道下濟而光明天在山中大畜君子以剛健篤實輝光日新其德定則自光明故大學定而至於能慮人心多則无由光明蒙雜而著著古着字雜着於物所以爲蒙蒙昏蒙

初九有厲利已象曰有厲利已不犯災也

趨其應則有二三之阻故不若已也

九二輿說輹象曰輿說輹中无尤也
不阻於三則見童於四不躁進者位中也
九三良馬逐利艱貞曰閑輿衛利有攸往象曰利有攸往上合志也
不防輿衛而進歷二陰則或有童牿說輻之害不利其往也本乎天者親上故上合志也
六四童牛之牿元吉象曰六四元吉有喜也六五豶豕之牙吉象曰六五之吉有慶也上九何天之衢亨象曰何天之衢道大行也
其道大行也升於天何待衢路而進言无所不通也衢字當爲絶句良爲止止二陰也不以止其類

也故亨

頤

頤貞吉觀頤自求口實彖曰頤貞吉養正則吉也觀頤觀其所養也自求口實觀其自養也天地養萬物聖人養賢以及萬民頤之時大矣哉

觀頤辨養道得失欲觀人處己之方

象曰山下有雷頤君子以慎言語節飲食

山下有雷畜養之象

初九舍爾靈龜觀我朶頤凶象曰觀我朶頤亦不足貴也

體躁應上觀我而朶其頤求養而无耻者也

六二顛頤拂經于丘頤征凶象曰六二征凶行失類也

凡頤之正以貴養賤以陽養陰所謂經也頤卦羣陰皆當聽養於上六二違之反比於初以陰養陽顛頤者也羣陰上所聚養者也六二亂經於聚養之義失陰類之常故以進則凶

六三拂頤貞凶十年勿用无攸利象曰十年勿用道大悖也

履邪好動係說於上不但拂經而已害頤之正莫甚焉故凶 係說於上一作係而說上

六四顛頤吉虎視眈眈其欲逐逐无咎象曰顛頤之

吉上施光也

體順位陰得頤之正以貴養賤而得賢者雖反陽
爻養陰之義以上養下其施光矣然以柔養剛非
嚴重其德廣大其志則未免於咎

六五拂經居貞吉不可涉大川象曰居貞之吉順以
從上也

聽養於上正也以陰居頤卦之尊拂經也

上九由頤厲吉利涉大川象曰由頤厲吉大有慶也

由頤自危然後乃吉者下有衆陰順從之慶驕則
有它吝此卦得養之正者方利涉大川蓋養然後
可動耳

大過

大過棟橈利有攸往亨彖曰大過大者過也棟橈本末弱也剛過而中巽而説行利有攸往乃亨大過之時大矣哉象曰澤滅木大過君子以獨立不懼遯世无悶

陽剛過實於中本末過弱於外故當過矯相與也

初六藉用白茅无咎象曰藉用白茅柔在下也九二枯楊生稊老夫得其女妻无不利象曰老夫女妻過以相與也

扶衰於上使枯木生稊拯弱於下使微陰獲助此剛中下濟之功亦自獲助於物也

九三棟橈凶象曰棟橈之凶不可以有輔也九四棟隆吉有它吝象曰棟隆之吉不橈乎下也

志在拯弱則棟隆而吉若私應爲心則橈乎下吝也

九五枯楊生華老婦得其士夫无咎无譽象曰枯楊生華何可久也老婦士夫亦可醜也

九五上係上六故不能下濟大事徒益其末耳无拯物之心所施者狹老婦士夫所與者不足道枯楊生華勢不能久故无譽未至長亂故无咎

上六過涉滅頂凶无咎象曰過涉之凶不可咎也

陰居上極雖過而不足涉難故凶大過之極故滅

頂而无咎也

習坎

習坎有孚維心亨行有尚

習坎重襲之義八純卦惟此加習者餘皆一字可盡其義坎取其險故重之而其險乃著也

色以離見聲以震聞臭以巽知味以坎達

坎離者天地之中二氣之正交然離本陰卦坎本陽卦以此見二氣其本如此而交性也非此二物則无易

彖曰習坎重險也水流而不盈行險而不失其信維心亨乃以剛中也行有尚往有功也天險不可升也

地險山川丘陵也王公設險以守其國險之時用大
矣哉象曰水洊至習坎君子以常德行習教事
可盈則非謂重險也中柔則心无常何能亨也內
外皆險義不可止故行有尚也
坎維心亨故行有尚外雖積險苟處之心亨不疑
則雖難必濟而往有功也
今水臨萬仞之山要下即下无復凝滯人在前惟
知有義理而已則復何回避所以心通
初六習坎入于坎窞凶象曰習坎入坎失道凶也
比於二无出險之志故云入于坎窞也
九二坎有險求小得象曰求小得未出中也

險難之際弱必附強上下俱陰求必見從故求則必小得然二居險中而未困也

六三來之坎坎險且枕入於坎窞勿用象曰來之坎坎終无功也

前之入險退來枕險入窞與初六同

六四樽酒簋貳用缶納約自牖終无咎象曰樽酒簋貳剛柔際也

四五俱得陰陽之正險阻之際近而相得誠素既接雖簡畧於禮无咎也上比於五有進出之漸故无凶

九五坎不盈祇既平无咎象曰坎不盈中未大也

險難垂出而下比於四不能勉成其功光大其志故聖人惜之曰只既平无咎而已矣不能往有功也一本云坎盈則進而往有尚矣

上六係用徽纆寘於叢棘三歲不得凶象曰上六失道凶三歲也

上六過中逃險而失道者也不附比陽中幾於迷復之凶故爲所係累也陰柔不能附比於陽處險之極乘剛宜其爲所拘縶也

離

離利貞亨畜牝牛吉

以柔麗乎中正故利貞

彖曰離麗也日月麗乎天百穀草木麗乎土重明以

麗乎正乃化成天下柔麗乎中正故亨是以畜牝牛吉也

日月草木麗天地麗附著也

象曰明兩作離大人以繼明照于四方

明目達聰繼明之道也人患惰於博覽惟大人能勉而繼之

初九履錯然敬之无咎象曰履錯之敬以辟咎也

履錯然與之者多也无應於上无所朋附以剛處下物所願交非矜慎之甚何以免咎

六二黃離元吉象曰黃離元吉得中道也九三日昃之離不鼓缶而歌則大耋之嗟凶象曰日昃之離何

可久也

明正將老離過於中故哀樂之不常其德凡人不能久也故君子爲德夭壽不貳人向衰暮則尤樂聽聲音蓋留連光景視桑榆之暮景不足則貪於爲樂惟鄭衛之音能令人生此意易謂不鼓缶而歌則大耋之嗟凶悲衰暮故爲樂不爲別復嗟年景之不足也

九四突如其來如焚如死如棄如象曰突如其來如无所容也

處多懼之地而以乘剛故其來也遽其處也危无所容安如見棄逐皆所麗之失中也三剛而不可

乘五正而不見容

六五出涕沱若戚嗟若吉象曰六五之吉離王公也言王公之貴人之所附下以剛進已雖憂危終以得衆而吉者柔麗中正也

上九王用出征有嘉折首獲匪其醜无咎象曰王用出征以正邦也

有嘉折首服而善之也獲匪其醜執訊弗賓示威以正邦而已離道已成然後不附可征

橫渠先生易說卷第一

後學 成德 挍訂

橫渠先生易說卷第二

下經

咸

咸亨利貞取女吉

咸之爲道以虛受爲本有意於中則滯於方體而險矣拇腓股脢輔以一卦通體高下爲言

彖曰咸感也柔上而剛下二氣感應以相與止而說男下女是以亨利貞取女吉也天地感而萬物化生聖人感人心而天下和平觀其所感而天地萬物之情可見矣

咸感也其交雖相應而詞多不吉顧其時如何耳

說者多以咸恒配天地殊不知咸自可配天地故於序卦獨不言咸咸既可以配天地則恒亦可以配天地皆夫婦之道也咸之爲言皆也故語咸則非事咸感也不可止以夫婦之道謂之咸此一事耳男女相配故爲咸也感之道不一或以同而感聖人感人心以道此是以同也或以異而應男女是也二女同居則无感也或以相悅而感或以相畏而感如虎先見犬犬自不能去犬若見虎則能避之又如磁石引針相應而感也若以愛心而來者自相親以害心而來者相見容色自別聖人感人心而天下和平是風動之也聖人老吾老以及

人之老而人欲老其老此是以事相感也感如影響无復先後有動必感感感而應故曰咸速也

象曰山上有澤咸君子以虛受人

山上有澤非交感不能也感物之善莫若以虛受人有所係慕皆非正吉故六爻皆以有應不盡卦義而有所譏也

初六咸其拇象曰咸其拇志在外也六二咸其腓凶居吉象曰雖凶居吉順不害也

居則吉趨則凶以男下女爲正咸之道也

九三咸其股執其隨往吝象曰咸其股亦不處也志在隨人所執下也

心寧靜於此一向定疊前縱有何事亦不恤也休將閑細碎在思慮易曰何思何慮天下殊塗而同歸一致而百慮天地之道惟有日月寒暑之往來屈伸動靜兩端而已在我精義入神以致用則細碎皆不能出其間在於術内已過未來者事著在心畢竟何益浮思游想盡去之惟圖向去日新可也孔子以富不可求則曰從吾所好以思爲无益則曰不如學也故於咸三以見此義

九四貞吉悔亡憧憧往來朋從爾思象曰貞吉悔亡未感害也憧憧往來未光大也

釋氏以感爲幻妄又有憧憧思以求朋者皆不足

道也
以陽居陰非躁感於物者也然體兑性悅未免乎
思以求朋之累也蓋體悅之初應止之始巳勞於
上朋止於下故憧憧得朋未爲光大不持以正則
有謟瀆之悔
感非有意感三思以求朋此則不足道
聖人惟於屈伸有感能有屈伸所以得天下之物
何用憧憧以思而求朋大抵咸卦六爻皆以有應
不盡咸道故君子欲得虛受人能容以虛受人之
道也苟曉屈伸心儘安泰寬裕蓋爲不與物校待
彼伸則己屈然而屈時少伸時多假使亂亡橫逆

亦猶屈少伸多我尚何傷日月寒暑往來正以相屈伸故不相害尺蠖之屈以求伸龍蛇之蟄以存身又精義入神以致用利用安身以崇德

九五咸其脢无悔象曰咸其脢志末也

九五處悦之中未免偏係之弊故不能感人心而曰咸其脢惟聖人然後能感人心也一无曰字

上六咸其輔頰舌象曰咸其輔頰舌滕口說也

恒

恒亨无咎利貞利有攸往彖曰恒久也剛上而柔下雷風相與巽而動剛柔皆應恒恒亨无咎利貞久於其道也天地之道恒久而不已也利有攸往終則有

始也日月得天而能久照四時變化而能久成聖人久於其道而天下化成觀其所恒而天地萬物之情可見矣象曰雷風恒君子以立不易方

觀書當不以文害辭如云義者出於思慮忖度易言天地之大義則天地固无思慮天地之情天地之心皆放此

初六浚恒貞凶无攸利象曰浚恒之凶始求深也

柔巽在下以應於上持用爲常求之過深也故人道之交貴乎中禮且久漸而成也持一作特

九二悔亡象曰九二悔亡能久中也

以陽係陰用以爲常不能无悔以其久中故免

九三不恒其德或承之羞貞吝象曰不恒其德无所容也

進則犯上退則乘剛故動則招悔取辱惟常守一德庶幾取容故曰不恒其德則无所容也一有雖然貞吝德則可常也

九四田无禽象曰久非其位安得禽也

田以時至則禽或可得處常非位則功无以致故君子降志辱身不可常也

六五恒其德貞婦人吉夫子凶象曰婦人貞吉從一而終也夫子制義從婦凶也上六振恒凶象曰振恒在上大无功也

卦倒於上爻多處之以貴而无位高而无民至恒又不可以此處但見其不常在上故大无功也易道灼然義理分明自存乎卦惟要人玩之乃得

遯

遯亨小利貞彖曰遯亨遯而亨也剛當位而應與時行也小利貞浸而長也遯之時義大矣哉

當位而應理不當遯以陰長故遯故曰與時行又曰小利貞又曰遯而亨也

象曰天下有山遯君子以遠小人不惡而嚴

遠小人不惡而嚴惡讀爲憎惡之惡遠小人不可示此惡也惡則患及之又爲能遠嚴之爲言敬小

人而遠之之義也

初六遯尾厲勿用有攸往象曰遯尾之厲不往何災也

危而不往何也遯既後時往則取災故知者遠難

在乎先幾

六二執之用黄牛之革莫之勝說象曰執用黄牛固

志也

黄牛中順也陰邪浸長二居君臣正合之位甚難

救時莫若中順固志使姦不能干不然小人易間

矣

九三係遯有疾厲畜臣妾吉象曰係遯之厲有疾憊

也畜臣妾吉不可大事也

爲內之主得位之正立愛其下畜臣妾之道盡矣然以斯處遯危疾宜焉

九四好遯君子吉小人否象曰君子好遯小人否也

有應於陰不惡而嚴故曰好遯小人暗於事幾不忿怒成仇則私溺爲慮矣

九五嘉遯貞吉象曰嘉遯貞吉以正志也

嘉好義同然五居正處中能正其志故獲正吉

上九肥遯无不利象曰肥遯无不利无所疑也

大壯

大壯利貞彖曰大壯大者壯也剛以動故壯大壯利貞大者正也正大而天地之情可見矣象曰雷在天

上大壯君子以非禮弗履

克己反禮壯莫甚焉故易於大壯見之

克己下學上達交相養也下學則必達達則必上蓋不行則終何以成德明則誠矣誠則明矣克己要當以理義戰退私己蓋理乃天德克己者必有剛強壯健之德乃勝己雷在天上大壯君子以非禮弗履夫酒清人渴而不敢飲肴乾人飢而不敢食非強有力者不能人所不能人所以不能行己者於其所難者則惰其異俗者雖易而羞縮惟心弘則不顧人之非笑所趨義理耳視天下莫能移其道然爲之人亦未必怪正以在己者義理不勝

惰與羞縮之病消則有長不消則病常在消盡則是大而化之之謂聖意思齷齪无由作事在古氣節之士冒死以有爲於義未必中然非有志槩者莫能況吾於義理已明何爲不爲正以不剛惟大壯乃能克己蓋君子欲身行之爲事業以教天下今夫爲長者折枝非不能也但恥以爲屈而不爲耳不顧義理之若何

初九壯于趾征凶有孚象曰壯于趾其孚窮也九二貞吉象曰九二貞吉以中也九三小人用壯君子用罔貞厲羝羊觸藩羸其角象曰小人用壯君子罔也

以陽居陽正也然乘下之剛故危小人用此而進

如羝羊觸藩以爲壯故多見困君子知幾則否藩
以喻四三有應所之在進而位正理直小人處之
必以剛動

九四貞吉悔亡藩決不羸壯于大輿之輹象曰藩決
不羸尚往也

乘剛本有悔不用其壯故正吉三以四爲藩九四
上无陽爻故曰藩決壯輿之輹往无咎也四能不
爲陰累守己以正則吉而无乘剛之悔且得衆陽
之助以銷陰慝

六五喪羊于易无悔象曰喪羊于易位不當也

羊外柔而内很六五以陰處陽羊喪之象也能去

其内剛不拒來者則无悔故曰喪羊于易无悔履柔危之地乘壯動之剛固之必悔者位非其所堪也

上六羝羊觸藩不能退不能遂无攸利艱則吉象曰不能退不能遂不詳也艱則吉咎不長也

剛競用觸則進退皆凶危懼求全則咎有時而息也然上六以陰居上不詳事宜用壯而觸故進退不能

晉

晉康侯用錫馬蕃庶晝日三接彖曰晉進也明出地上順而麗乎大明柔進而上行是以康侯用錫馬蕃

庶晝日三接也象曰明出地上晋君子以自昭明德

初六晋如摧如貞吉罔孚裕无咎象曰晋如摧如獨行正也裕无咎未受命也

居晋之初正必見摧故摧如不害於正吉也未孚於人或未見聽寬以居之乃无咎然初六有應在四居下援上未安其分故曰未受命也

六二晋如愁如貞吉受兹介福于其王母象曰受兹介福以中正也

進而无撓多失於肆故愁如乃吉六五以陰居尊故稱王母俱以柔中故受福可必也

六三衆允悔亡象曰衆允之志上行也

上歷九四不爲衆信則取悔可必若志應在上晉
爲衆允則悔亡
九四晉如鼫鼠貞厲象曰鼫鼠貞厲位不當也
鼫鼠爲物貪而畏人體陽在進反據陰位故動止
皆失與六三之義爲相反矣
六五悔亡失得勿恤往吉无不利象曰失得勿恤往
有慶也
進而遇陽故失得不恤而吉也位不當必有悔獲
吉則悔亡
上九晉其角維用伐邑厲吉无咎貞吝象曰維用伐
邑道未光也

窮无所往故曰角居明之極其施未光而應尚狹持此以進伐邑討叛而已危而幸吉以得无咎然終吝道也无可進而進不已惟伐邑於内而可矣如君子則知止也

明夷

明夷利艱貞彖曰明入地中明夷内文明而外柔順以蒙大難文王以之利艱貞晦其明也内難而能正其志箕子以之

文王體一卦之用箕子以六五一爻之德文王難在外箕子難在内也

象曰明入地中明夷君子以莅衆用晦而明

不任察而不失其治也

初九明夷于飛垂其翼君子于行三日不食有攸往主人有言象曰君子于行義不食也

進應於上爲三所困故曰于飛垂翼君子避患當速勢不與抗退而遠行不遑暇食靜以自守非有所往之時也

六二明夷夷于左股用拯馬壯吉象曰六二之吉順以則也

與三同體三爲六應故曰夷于左股居中履順難不能及故曰用拯馬壯吉馬謂初九亦爲己用故欲拯闇同

九三明夷于南狩得其大首不可疾貞象曰南狩之志乃大得也

九三進獲明夷之主故曰南狩得其大首

六四入于左腹獲明夷之心于出門庭象曰入于左腹獲心意也

與上六同爲一體故曰入于左腹與五親比故曰出門獲明夷之心蓋用柔履中其志相得故曰獲心意也

六五箕子之明夷利貞象曰箕子之貞明不可息也

雖近於闇然柔順履中闇不能掩箕子之正也

上六不明晦初登于天後入于地象曰初登于大照

四國也後入于地失則也

家人

家人利女貞彖曰家人女正位乎内男正位乎外男女正天地之大義也家人有嚴君焉父母之謂也父父子子兄兄弟弟夫夫婦婦而家道正正家而天下定矣象曰風自火出家人君子以言有物而行有恒

家道之始始諸飲食烹飪故曰風自火出

家人道在於烹爨一家之政樂不樂乎不平皆繫乎此

初九閑有家悔亡象曰閑有家志未變也

男處女下悔也

六二无攸遂在中饋貞吉象曰六二之吉順以巽也

九三家人嗃嗃悔厲吉婦子嘻嘻終吝象曰家人嗃嗃未失也婦子嘻嘻失家節也

位爲過中則履非得宜與其慢也寧嚴

六四富家大吉象曰富家大吉順在位也

柔順在位故能長保其富

九五王假有家勿恤吉象曰王假有家交相愛也

有應在二得男女内外家道大正足以化成天下故王假之

上九有孚威如終吉象曰威如之吉反身之謂也

以陽居尊故威如身修而家齊故終吉

睽

睽小事吉彖曰睽火動而上澤動而下二女同居其志不同行説而麗乎明柔進而上行得中而應乎剛是以小事吉天地睽而其事同也男女睽而其志通也萬物睽而其事類也睽之時用大矣哉象曰上火下澤睽君子以同而異

一於異則乖而不合故和而不同

初九悔亡喪馬勿逐自復見惡人无咎象曰見惡人以辟咎也

履睽之始悔也能以貴下賤故悔亡馬復屈下惡人能免於咎

九二遇主于巷无咎象曰遇主于巷未失道也
守正居中故能求主於乖喪之際不失其道乖睽主有不可顯遇之時
六三見輿曳其牛掣其人天且劓无初有終象曰見輿曳位不當也无初有終遇剛也
乘剛遇敵輿衞皆困
九四睽孤遇元夫交孚厲无咎象曰交孚无咎志行也六五悔亡厥宗噬膚往何咎象曰厥宗噬膚往有慶也
二能勝三如噬膚耳何閒巳往
上九睽孤見豕負塗載鬼一車先張之弧後說之弧

匪寇婚媾往遇雨則吉象曰遇雨之吉羣疑亡也

蹇

蹇利西南不利東北利見大人貞吉

蹇之世大人乃能成功

彖曰蹇難也險在前也見險而能止知矣哉蹇利西南往得中也不利東北其道窮也利見大人往有功也當位貞吉以正邦也蹇之時用大矣哉象曰山上有水蹇君子以反身脩德

見險能止然不可終止而已當見大人之德進之坤順致養之地則得其中若更退守艮止則難无時而解也故曰不利東北其道窮也至于解卦則

曰其來復吉乃得中也與此互見矣蓋難在内外
與震之動止則相反爾
初六往蹇來譽象曰往蹇來譽宜待也
蹇難之際用心存公无所偏係故譽美可獲
六二王臣蹇蹇匪躬之故象曰王臣蹇蹇終无尤也
九三往蹇來反象曰往蹇來反内喜之也六四往蹇
來連象曰往蹇來連當位實也
連順也序也蹇反當位正吉六四未能出險故可
止而順序以俟難之解當位處陰之實
九五大蹇朋來象曰大蹇朋來以中節也
剛中之德爲物所歸

上六往蹇來碩吉利見大人象曰往蹇來碩志在内也利見大人以從貴也

與解繇同義

解

解利西南无所往其來復吉有攸往夙吉彖曰解險以動動而免乎險解解利西南往得衆也其來復吉乃得中也有攸往夙吉往有功也天地解而雷雨作雷雨作而百果草木皆甲拆解之時大矣哉象曰雷雨作解君子以赦過宥罪

難免人患散則得衆者吉往而不返則生他變有所往而不速將后于時也故无所往則靜吉有所

往則速吉

初六无咎象曰剛柔之際義无咎也

險難方解未獲所安近比於二非其咎也

九二田獲三狐得黃矢貞吉象曰九二貞吉得中道也

險亂方解不正自疑之陰皆自歸附而順聽也故曰田獲三狐不以三狐自累上合于五則得黃矢之象也

六三負且乘致寇至貞吝象曰負且乘亦可醜也自我致戎又誰咎也

不正而近比二剛不能致一故有小人負乘之象

貪以致寇也

九四解而拇朋至斯孚象曰解而拇未當位也

位不當則所履者邪故失位之陰因得駢附險亂即解解之則朋信（當一作正）

六五君子惟有解吉有孚于小人象曰君子有解小人退也

君子道亨則邪類之退必矣

上六公用射隼于高墉之上獲之无不利象曰公用射隼以解悖也

忘義而貪故以喻隼

損

損有孚元吉无咎可貞利有攸往曷之用二簋可用享彖曰損損下益上其道上行損而有孚元吉无咎可貞利有攸往曷之用二簋可用享二簋應有時損剛益柔有時損益盈虛與時偕行象曰山下有澤損君子以懲忿窒欲

損下益上損剛益柔非可常行必有孚元吉无咎可貞然後利有所進故下云有時

初九巳事遄往无咎酌損之象曰巳事遄往尚合志也

損剛益柔有時損不可過抑而居下有爲而然故事巳則當速反於上與四合志損不以中未免於

咎也

九二利貞征凶弗損益之象曰九二利貞中以爲志
也

以陽居陰剛德巳損故以征則凶能志於正則雖
損非損其實受益

六三三人行則損一人一人行則得其友象曰一人
行三則疑也

六三本爲上六與坤同體若連茹彙征三人並行
則反非益上之道也

六四損其疾使遄有喜无咎象曰損其疾亦可喜也

六三志應於上近不相得不固其躓使速應於上

則初九之應无所閒阻故曰損其疾使彼有喜故己亦可喜而无咎也

六五或益之十朋之龜弗克違元吉象曰六五元吉自上祐也

龜弗克違言受益之可必信然不疑也或益之上九自外來而比之況其下者乎

上九弗損益之无咎貞吉利有攸往得臣无家象曰弗損益之大得志也

上九本爲九三雖爲損下其實上行故云弗損益之損終反益反如益卦損上而益下則可大得志至于得臣无家言所有之多也以剛在上受下之

益多矣故无所施損當反益於下故曰弗損益之

益

益利有攸往利涉大川彖曰益損上益下民說无疆自上下下其道大光利有攸往中正有慶利涉大川木道乃行益動而巽日進无疆天施地生其益无方凡益之道與時偕行象曰風雷益君子以見善則遷有過則改

上巽下動者損上益下之道木以動而巽故利涉大川否卦九四下而爲初九故曰天施地生又曰損上益下又曰自上下下

初九利用爲大作元吉无咎象曰元吉无咎下不厚

事也

以剛陽之德施益於下故利用大作然必元吉乃无咎也

六二或益之十朋之龜弗克違永貞吉王用享于帝吉象曰或益之自外來也

或益之十朋之龜弗克違言損上益下之道理不可易人皆信之雖十朋之龜亦不能違此道也往見損九五居中體柔蒙上之益修報於下享帝之美莫盛此焉或益之必有自外來而益之者也

六三益之用凶事无咎有孚中行告公用圭象曰益用凶事固有之也

中行者不私於應无所偏係也用心不私以拯凶難雖非王者之佐可以用之牧伯以爲藩屏之臣矣體躁居陽上有剛應持此施益用拯凶難乃其固能也故无咎可必然亦須執禮告上公而行方合中道其曰告公者未足專進爲王者之佐也

六四中行告公從利用爲依遷國象曰告公從以益志也

以陰居陰體巽應卑持此施益可以爲依遷之國純用卑柔仍告上公見從方可用事无剛故也不足告王故曰告公

本爲初六寄位於四居陰體巽所趨在下以爲依

遷之國人所容信然必中行不私然後可告必見從蓋上以益下爲心也

九五有孚惠心勿問元吉有孚惠我德象曰有孚惠心勿問之矣惠我德大得志也上九莫益之或擊之立心勿恒凶象曰莫益之偏辭也或擊之自外來也

體剛質巽志應在下位亢於上故立心勿恒或擊之反或益之之義爲文故又云自外來也未嘗損己而云莫益之作易者因益卦而言爾

夬

夬揚于王庭孚號有厲告自邑不利即戎利有攸往

益而不已必決故受之以夬

彖曰夬決也剛決柔也健而說決而和揚于王庭柔乘五剛也孚號有厲其危乃光也告自邑不利即戎所尚乃窮也利有攸往剛長乃終也

　不可以必勝而忽慢故能矜慎則愈光也

　除惡務本故利有所進而後爲德乃終

象曰澤上於天夬君子以施祿及下居德則忌

　君子道長故非德之禁可以必行然不可恃令之行无恩以及下也

初九壯于前趾往不勝爲咎象曰不勝而往咎也

　言能慮勝而往則无咎

九二惕號莫夜有戎勿恤象曰有戎勿恤得中道也

警懼中號能孚號而有厲也以必勝之剛決至危之柔能自危慮雖有戎何恤能得中道故剛而不暴

九三壯于頄有凶君子夬夬獨行遇雨若濡有慍无咎象曰君子夬夬終无咎也

九三以陽居陽進夬於上是壯于頄也不得中道過壯或凶故曰有凶君子明於事幾能夬於用夬進而緩之以善其終不假用衆故曰獨行使之悅從故曰遇雨若濡君子之心終无係累故必有慍雖其有慍於正无害故曰无咎故君子之道綽然餘裕終不爲咎也

九四臀无膚其行次且牽羊悔亡聞言不信象曰其行次且位不當也聞言不信聰不明也

一陰在上衆陽爭趨三其正應已獨乘之故行止皆凶牽羊者必讓而先之則爲力也易溺於所趨必不能用故曰聞言不信溺於心者聽必不聰

九五莧陸夬夬中行无咎象曰中行无咎中未光也

陽近於陰不能无累故必正其行然後免咎

上六无號終有凶象曰无號之凶終不可長也

姤

姤女壯勿用取女彖曰姤遇也柔遇剛也勿用取女不可與長也天地相遇品物咸章也剛遇中正天下

大行也姤之時義大矣哉
非中爻不能備卦德故曰剛遇中正
象曰天下有風姤后以施命誥四方
上所以用柔於下者誥令莫大焉
初六繫于金柅貞吉有攸往見凶羸豕孚蹢躅象曰
繫于金柅柔道牽也
金柅二物也處姤之時不牽於近則所往皆凶孚
信也豕方羸時力未能動然至誠在於蹢躅得申
則申矣如李德裕處置閹宦徒知其帖息威伏而
忽於志不忘逞照察少不至則失其幾也
九二包有魚无咎不利賓象曰包有魚義不及賓也

九三臀无膚其行次且厲无大咎象曰其行次且行未牽也

行而无所與遇故曰行未牽也進退无所係也

九四包无魚起凶象曰无魚之凶遠民也九五以杞包瓜含章有隕自天象曰九五含章中正也有隕自天志不舍命也

杞之爲物根固於下瓜之爲實潰必自内九五以中正剛健含章宅尊而遇陰柔浸長之時厚下安宅潰亂是防盡其人謀而聽天命者也以杞包瓜文王事紂之道厚下以防中潰盡人謀而聽天命者歟

上九姤其角吝无咎象曰姤其角上窮吝也

窮不知變吝之道也

萃

萃亨王假有廟利見大人亨利貞用大牲吉利有攸往

姤者遇也物相遇而後聚故受之以萃

與渙卦義同故繇詞互見

萃而不見大人之德吝道也

彖曰萃聚也順以說剛中而應故聚也王假有廟致孝享也利見大人亨聚以正也用大牲吉利有攸往順天命也觀其所聚而天地萬物之情可見矣象曰

澤上於地萃君子以除戎器戒不虞

聚而致享必有廟乃盡其實

聚而不見大人之德吝道也

聚不以正私邪勝也

富聚之世順天之命用大牲有所進爲宜

散而通之順天命而不凝於物也凝一作疑

初六有孚不終乃亂乃萃若號一握爲笑勿恤往无咎象曰乃亂乃萃其志亂也

萃聚之世物各以近相求所處遠者雖有其應不能專一初六履不以中萃而志亂故爲衆輕侮若能啼號齋咨專一其守不恤衆侮則往而无咎

六二引吉无咎孚乃利用禴象曰引吉无咎中未變
也
物思其聚之時能自持不變引而後往吉乃无咎
凡言利用禴皆誠素著白於幽明之際未孚而略
禮則神怒而民怨
六三萃如嗟如无攸利往无咎小吝象曰往无咎上
巽也九四大吉无咎象曰大吉无咎位不當也
位非極顯而有物之萃非大吉則悔吝必矣
九五萃有位无咎匪孚元永貞悔亡象曰萃有位志
未光也
居得盛位不能見以大人之德係應於二故曰有

位履非不正故无咎然非君人之大信爲德非厚不能无悔故元永貞而後悔亡

上六齎咨涕洟无咎象曰齎咨涕洟未安上也

以陰居上極物之萃非所堪也

升

升元亨用見大人勿恤南征吉彖曰柔以時升巽而順剛中而應是以大亨用見大人勿恤有慶也南征吉志行也象曰地中生木升君子以順德積小以高大

萃者聚也聚而上者謂之升故受之以升

乾之九二利見大人而以時之上升之九二有六

五配合之慶故可見大人之德南征而勿恤也
初六允升大吉象曰允升大吉上合志也
允信也自信於已與上合志而升
九二孚乃利用禴无咎象曰九二之孚有喜也
與萃六二同
九三升虛邑象曰升虛邑无所疑也
上皆陰柔往无所疑
六四王用亨于岐山吉无咎象曰王用亨于岐山順
事也六五貞吉升階象曰貞吉升階大得志也
柔中極尊不拒來者使物皆階巳而升正而且吉
志宜大獲也易所謂得志者聖賢獲其願欲得其

无家堯之志也貞吉升階舜之志也

上六冥升利于不息之貞象曰冥升在上消不富也

困

困亨貞大人吉无咎有言不信彖曰困剛揜也險以說困而不失其所亨其唯君子乎貞大人吉以剛中也有言不信尚口乃窮也象曰澤无水困君子以致命遂志

升而不已必困故受之以困困于險下柔不自振非窮而能亨致命遂志者也

初六臀困于株木入于幽谷三歲不覿象曰入于幽谷幽不明也

處困者正乃无咎居非得中故幽而不明
九二困于酒食朱紱方來利用享祀征凶无咎象曰
困于酒食中有慶也
困危之際物思所附九二以剛居中正大人之吉上下交説不施聰明美物方至然未可有爲故以祭則吉以征則凶雖或凶於義无咎（際一作世）
六三困于石據于蒺藜入于其宮不見其妻凶象曰據于蒺藜乘剛也入于其宮不見其妻不祥也九四來徐徐困于金車吝有終象曰來徐徐志在下也雖不當位有與也
心有偏係吝也以陽履柔故有終

九五劓刖困于赤紱乃徐有說利用祭祀象曰劓刖志未得也乃徐有說以中直也利用祭祀受福也

以陽居陽處困以剛威怒以求物之來是反爲赤紱所困者也與九二之義反矣茍能徐以俟之乃心有說故曰乃徐有說物既自至以事鬼神然後福可致焉處困用中可以不失其守而已故言利用祭祀然非有爲之時也

上六困于葛藟于臲卼曰動悔有悔征吉象曰困于葛藟未當也動悔有悔吉行也

處困之極重剛在下不得其肆居非所安舉則招悔取捨皆咎故行然後吉一云動悔有悔猶云動

悔之悔也

井

井改邑不改井无喪无得往來井井汔至亦未繘井羸其瓶凶彖曰巽乎水而上水井井養而不窮也改邑不改井乃以剛中也汔至亦未繘井未有功也羸其瓶是以凶也象曰木上有水井君子以勞民勸相

養而不窮莫若勞民而勸相也

初六井泥不食舊井无禽象曰井泥不食下也舊井无禽時舍也九二井谷射鮒甕敝漏象曰井谷射鮒无與也九三井渫不食爲我心惻可用汲王明並受其福象曰井渫不食行惻也求王明受福也

井以旣出爲功井道之成在於上六三其正應而又以陽居陽充滿可汲爲五所閒功不上施故爲我心惻然若上六明於照物則上下遠邇皆獲其利井渫不食强施行惻然且不售作易者之歎歟

六四井甃无咎象曰井甃无咎脩井也

无應於上无敝漏於下故但免咎而已

九五井洌寒泉食象曰寒泉之食中正也

井洌寒泉美而可汲者也剛中之德爲衆所利

上六井收勿幕有孚元吉象曰元吉在上大成也

革

革巳日乃孚元亨利貞悔亡彖曰革水火相息二女

同居其志不相得曰革巳日乃孚革而信之文明以說大亨以正革而當其悔乃亡天地革而四時成湯武革命順乎天而應乎人革之時大矣哉象曰澤中有火革君子以治歷明時初九鞏用黃牛之革象曰鞏用黃牛不可以有爲也

　賤而无應非大亨以正之德中堅自守不可有爲

六二巳日乃革之征吉无咎象曰巳日革之行有嘉也

　俟上之唱革而往應柔中之德所之乃吉

九三征凶貞厲革言三就有孚象曰革言三就又何之矣

以文明炎上剛陽之德進而之兊兊内柔外剛勢窮必反故以征則凶能守正戒懼文命告之此三革言彼三從命必然可信之理也一云征則雖正而危

九四悔亡有孚改命吉象曰改命之吉信志也

約己居陰心无私係革而必當見孚於衆改命唱始信已可行故吉

九五大人虎變未占有孚象曰大人虎變其文炳也

以剛居尊説而唱下爲衆所覩其文炳然不卜而孚望而可信下觀而化革著盛焉

大人虎變夫何疚之有

上六君子豹變小人革面征凶居貞吉象曰君子豹變其文蔚也小人革面順以從君也

以柔爲德不及九五剛中炳明故但文章蔚縟能使小人改觀而從也

盛德之容顏孟以上始可以觀若顏子變則必大變即大人虎變虎變則其文至也如此則不待占而有信君子所至之分以致文則足以爲班班之縟革面而聽命已不敢犯此所謂盡飾之道斯行者遠矣然猶是就小成上以致其文顏子地位於豹變已爲褎就未必肯於此發見此所以如愚愚雖是於吾言无所不説然必夫子省其私始知不

愚察其人焉惟是徇内尚質爾然發則不小發文抵止乃有光明艮曰時止則止時行則行其道光明形則著著則明必能止則有光明今作事特未決蓋非止也止乃決爲然後就其上文章顔子見其進未見其止未止故未發見其所止又必欲如所期蓋未見夫子着心處故未肯止是之謂隱而未見行而未成是以勿用學者至此地位亦必如愚然顔子學舉措亦无不致文中節處自是謂博我以文則文豈不足但顔子不以爲意所謂有若无實若虛也有顔子之心則不爲顔子之文可也

鼎

鼎元吉亨彖曰鼎象也以木巽火亨飪也聖人亨以享上帝而大亨以養聖賢巽而耳目聰明柔進而上行得中而應乎剛是以元亨象曰木上有火鼎君子以正位凝命

正始而取新莫先於正位而定命也

初六鼎顛趾利出否得妾以其子无咎象曰鼎顛趾未悖也利出否以從貴也

柔牽於上必有義乃可鼎顛趾必出否妾從子貴必以有子乃不悖於義也

九二鼎有實我仇有疾不我能即吉象曰鼎有實慎所之也我仇有疾終无尤也

以陽居中故有實實而與物競則所喪多矣故所之不可不愼也我仇謂三也三爲革爲塞固已路而爲患者也使其有疾而不能加我則美實可保而吉可致也然四亦惡三三常懼焉是有疾而无尤也

九三鼎耳革其行塞雉膏不食方雨虧悔終吉象曰鼎耳革失其義也

耳革行塞處二陽之間上下俱實也上下革塞則雖有美實而不見取若二使應五四使應初則其悔可虧故曰方雨虧悔能終不固塞其路則吉可召也革塞之則失其義矣以陽居陽承乘皆剛悔

也有九四之革其行不得上通此鼎耳之失義也
九四鼎折足覆公餗其形渥凶象曰覆公餗信如何
也六五鼎黃耳金鉉利貞象曰鼎黃耳中以爲實也
居中故其耳黃體柔故其鉉金柔故利於貞一作利於
勁正
上九鼎玉鉉大吉无不利象曰玉鉉在上剛柔節也
以剛居上能貞潔如玉以成鼎道不牽陰柔以固
其節則吉无不利鼎象也足陰腹陽耳虛鉉剛故
曰剛柔節也

震

震亨震來虩虩笑言啞啞震驚百里不喪匕鬯彖曰

震亨震來虩虩恐致福也笑言啞啞後有則也震驚百里驚遠而懼邇也出可以守宗廟社稷以爲祭主也象曰洊雷震君子以恐懼修省

此卦純以君出子在而言則震之體全而用顯故曰出可以守宗廟社稷不雜言君父共國之時也

初九震來虩虩後笑言啞啞吉象曰震來虩虩恐致福也笑言啞啞後有則也六二震來厲億喪貝躋于九陵勿逐七日得象曰震來厲乘剛也

初動而之上故曰躋于九陵億必也

六三震蘇蘇震行无眚象曰震蘇蘇位不當也

蘇蘇亦索索之義處非其地故危困不一能懼而

改行則无眚矣

九四震遂泥象曰震遂泥未光也

處衆陰之中爲衆附比剛陽之德而以位陰故泥而未光也

六五震往來厲億无喪有事象曰震往來厲危行也其事在中大无喪也

懼往亦厲懼來亦厲能行已以危則富貴可保故曰无喪有事猶云不失其所有也以其乘剛故危以其在中故无喪禍至與不至皆懼則无喪有事一有云懼陰之中

上六震索索視矍矍征凶震不于其躬于其隣无咎

婚媾有言象曰震索索中未得也雖凶无咎畏鄰戒也

危以動懼以語无交而求則民弗與也故以征則凶能以鄰危懼則可免咎鄰謂五也五旣附四已或與焉則招悔而有言矣能以鄰爲戒不待及身而戒則无咎

艮

艮其背不獲其身行其庭不見其人无咎

雖處喧閧亦无害於爲學有人於此或日月而至焉亦有終日而不至者及其久也去者常少若居於家聞嬰孩之啼則有不忍之心聞奴婢喧戾則

猶有不容之意至於市井紛囂一不與我事何傷於存誠養志易曰艮其背不獲其身行其庭不見其人无咎夫入他人之庭不見其人可止也艮其背至近於人也然且不見以其上下无應也時止則止時行則行動靜不失其時其道光明學者必時其動靜則其道乃不蔽昧而明白今人從學之久不見進長正以莫識動靜見他人擾擾非關己事而所修亦廢由聖學觀之冥冥悠悠以是終身謂之光明可乎

彖曰艮止也時止則止時行則行動靜不失其時其道光明艮其止止其所也上下敵應不相與也是以

不獲其身行其庭不見其人无咎也
易言光明者多艮之象著則明之義也
象曰兼山艮君子以思不出其位
位所安之分也如素夷狄行乎夷狄素患難行乎
患難
初六艮其趾无咎利永貞象曰艮其趾未失正也六
二艮其腓不拯其隨其心不快象曰不拯其隨未退
聽也
腓體之隨也不能禁其趾而徒止其腓腓所未聽
故心不能快
九三艮其限列其夤厲薰心象曰艮其限危薰心也

一身而動止中列危至薰心

六四艮其身无咎象曰艮其身止諸躬也

止於心故能艮其身咸之九四朋從爾思義近之

六五艮其輔言有序悔亡象曰艮其輔以中正也

不能施止於心而能止其言故悔可亡也

上九敦艮吉象曰敦艮之吉以厚終也

漸

漸女歸吉利貞彖曰漸之進也女歸吉也進得位往有功也進以正可以正邦也其位剛得中也止而巽動不窮也

漸者天地之施交女歸吉進得位皆指六四施一作始

象曰山上有木漸君子以居賢德善俗

居可久之德難從无徵之德君子不以責人君子以賢德自居不強率人待其心回故善俗自然一作不可推行无徵難從之德

初六鴻漸于干小子厲有言无咎象曰小子之厲義无咎也

鴻爲水鳥漸進之始出至于干鴻鵠之志非小子所量見其出陸爭欲危之且疑其所處非君子信已而行義无咎也

六二鴻漸于磐飲食衎衎吉象曰飲食衎衎不素飽也

衎衎和樂貎飲食和樂不徒飽而已言獲志之多
也
九三鴻漸于陸夫征不復婦孕不育凶利禦寇象曰
夫征不復離羣醜也婦孕不育失其道也利用禦寇
順相保也
漸卦九三六四易位而居三離上卦四離下體故
曰夫征不復婦孕不育然相與之固物莫能間故
利用禦寇也征不復者變爲艮且得位也如六四
之得桷三四非正合故曰失其道也
六四鴻漸于木或得其桷无咎象曰或得其桷順以
巽也

木非鴻所居如四之易位而在上也然本坤之爻進而爲巽故或得其桷居之可安也順巽則衆所與也故得所安

九五鴻漸于陵婦三歲不孕終莫之勝吉象曰終莫之勝吉得所願也上九鴻漸于陸其羽可用爲儀吉象曰其羽可用爲儀吉不可亂也

无應於下羽潔无汙且處於高故曰漸陸

歸妹

歸妹征凶无攸利彖曰歸妹天地之大義也天地不交而萬物不興歸妹人之終始也説以動所歸妹也征凶位不當也无攸利柔乘剛也

泰之九三進而在四六四降而在三故曰天地之
大義也然泰道將終征將爲否故曰凶
三五皆乘剛必退反乃吉
歸妹與革均是澤爲大卦義不相干故革具四德
而歸妹初不言德也妹者是少女之稱也對長男
而言之故言少女先儒爲姪娣之義於卦不見於
爻辭則有君與娣之稱長男而與長女是人之常
也少女而與少男是人之感也說以動須是歸妹
聖人直是盡人情
象曰澤上有雷歸妹君子以永終知敝
永常禮之終知人情之敝

初九歸妹以娣跛能履征吉象曰歸妹以娣以恒也
跛能履吉相承也
陽處於上不可不隨故征吉以兌應震合卦之義
常道也爻爲陽故能履非匹故跛
九二眇能視利幽人之貞象曰利幽人之貞未變常
也
震動乎上雖匹而不至所以眇陽中故能視不援
上幽人之正也
六三歸妹以須反歸以娣象曰歸妹以須未當也
三陰本彙征在上今六三反下而爲兌故曰歸妹
以須反歸以娣女當待年于家今待年夫家而反

歸故曰未當

九四歸妹愆期遲歸有時象曰愆期之志有待而行也

九四當速交而爲泰今獨後者三有所待也故曰愆期

六五帝乙歸妹其君之袂不如其娣之袂良月幾望吉象曰帝乙歸妹不如其娣之袂良也其位在中以貴行也

歸妹交泰之事備矣與泰六五同又於此見爲之戒也以其貴行故戒其滿以幾望一作又於此見新故之戒也

上六女承筐无實士刲羊无血无攸利象曰上六无實承虛筐也

上六與六三皆陰故士女无實

豐

豐亨王假之勿憂宜日中

宜日中不宜過中也

彖曰豐大也明以動故豐王假之尚大也勿憂宜日中宜照天下也日中則昃月盈則食天地盈虛與時消息而況於人乎況於鬼神乎

月盈則食中弦盈之極也此人鬼所以惡盈禍盈也

象曰雷電皆至豐君子以折獄致刑
盛明如天大之至也動於上而明於下故折獄致刑民不惑矣
初九遇其配主雖旬无咎往有尚象曰雖旬无咎過旬災也
所之在進光大其宜也故往而有尚非均是陽爻則蔀暗之災與六二疑疾无以異也
六二豐其蔀日中見斗往得疑疾有孚發若吉象曰有孚發若信以發志也
凡言往者皆進而之上也初進而上則遇陽而有尚二既以陰居陰而又所應亦陰故往无所發愈

增疑疾能不私於累信然接物乃吉宜日中而所應得陰故曰見斗五在君位故以斗喻夜見之象

九三豐其沛日中見沬折其右肱无咎象曰豐其沛不可大事也折其右肱終不可用也

所應在陰故曰豐沛能折其右肱絶去上六而不累其明則可免咎也光大之上陰柔之終不可用也

九四豐其蔀日中見斗遇其夷主吉象曰豐其蔀位不當也日中見斗幽不明也遇其夷主吉行也

无應於下近比於五故亦云見斗正應亦陽故云夷主

六五來章有慶譽吉象曰六五之吉有慶也

來章反比陽則明也有慶得配於四也

上六豐其屋蔀其家闚其戶闃其无人三歲不覿凶

象曰豐其屋天際翔也闚其戶闃其无人自藏也

豐屋蔀家自蔽之甚猶大明之世而夷墨其行窮

大而失居者也處上之極不交於下而居動之末

故曰天際翔也

旅

旅小亨旅貞吉彖曰旅小亨柔得中乎外而順乎剛

止而麗乎明是以小亨旅貞吉也旅之時義大矣哉

象曰山上有火旅君子以明慎用刑而不留獄初六

旅瑣瑣斯其所取災象曰旅瑣瑣志窮災也

瑣瑣不能致命遂志身窮而志卑也冗細其所爲取災之道也

六二旅即次懷其資得童僕貞象曰得童僕貞終无尤也

居得位即次之義得三之助故曰懷其資下有一陰无所係累故曰得童僕貞

九三旅焚其次喪其童僕貞厲象曰旅焚其次亦以傷矣以旅與下其義喪也

以陽居陽其志亢也旅而驕亢焚次宜也下比二陰喪其御下之正危厲之道

九四旅于處得其資斧我心不快象曰旅于處未得位也得其資斧心未快也

以陽居陰旅于處也所應在初初爲瑣瑣志窮卑下不能大助於已但得其資斧之用而已志未有得故其心不快

六五射雉一矢亡終以譽命象曰終以譽命上逮也

四處陰應下堅介難致雉之象也以力致之徒喪其矢喪矢喪其直也文明居中必不失其直當終得譽美

上九鳥焚其巢旅人先笑後號咷喪牛于易凶象曰以旅在上其義焚也喪牛于易終莫之聞也

以陽極上旅而驕肆者也失柔順之正故曰喪牛于易易肆也肆怒而忤物雖有凶危其誰告之故曰終莫之聞也

巽

巽小亨利有攸往利見大人彖曰重巽以申命剛巽乎中正而志行柔皆順乎剛是以小亨利有攸往利見大人象曰隨風巽君子以申命行事初六進退利武人之貞象曰進退志疑也利武人之貞志治也

體柔居下在巽之始謙抑過中故施于武人之貞則適得其宜進退者柔不自決之象也

九二巽在牀下用史巫紛若吉无咎象曰紛若之吉

得中也

以陽居陰其志下比无應於上故曰巽在牀下然不失中道下爲之用故史巫紛若樂爲之使吉而无咎非如上九喪其資斧史巫論虛華過實者言不失中道則樂盡其誠者衆矣

九三頻巽吝象曰頻巽之吝志窮也

三處陽剛失巽之道乘剛而動頻吝所宜志在比物故吝如復之六三志窮也

六四悔亡田獲三品象曰田獲三品有功也

柔順之德以陰居位雖或乘剛悔終可亡近比於五不爲謟妄而又二三并爲所獲不私其累而樂

爲已用田獲之類也使三陽見獲四之功也

九五貞吉悔亡无不利无初有終先庚三日後庚三日吉象曰九五之吉位正中也

解見蠱卦志不以正則將有悔先庚三日讓始也後庚三日存終也雖體陽居尊无應於下故不可爲事之唱乃吉不著於繇辭者巽非憂患之時故也

上九巽在牀下喪其資斧貞凶象曰巽在牀下上窮也喪其資斧正乎凶也

柔巽過極難爲之下物不爲用故曰喪其資斧凶資斧尚喪餘用殫矣

兌

兌亨利貞彖曰兌說也剛中而柔外說以利貞是以順乎天而應乎人說以先民民忘其勞說以犯難民忘其死說之大民勸矣哉象曰麗澤兌君子以朋友講習初九和兌吉象曰和兌之吉行未疑也

以陽居下无所比附出門同人行自信者也

九二孚兌吉悔亡象曰孚兌之吉信志也

私係於近悔也誠於接物信而不妄吉且悔亡

六三來兌凶象曰來兌之凶位不當也九四商兌未寧介疾有喜象曰九四之喜有慶也

通其邪佞使進而上則小人道長而不寧以諂爲

疾而拒外之則終不失其得偶之慶也

九五孚于剥有厲象曰孚于剥　位正當也

説六三之進則是孚於剥近危之道也故處乎盛

位者佞不可親也當正位而進小人信乎剥之道

也

上六引兑象曰上六引兑未光也

與三爲類而引升之雖不傷類然未足多也

渙

渙亨王假有廟利涉大川利貞

萃王假有廟渙然後聚道乃久故王假有廟互見

於此凡言有廟者聚道之極也

彖曰渙亨剛來而不窮柔得位乎外而上同王假有廟王乃在中也利涉大川乘木有功也象曰風行水上渙先王以享于帝立廟

財散則民聚王乃在渙中之一也

初六用拯馬壯吉象曰初六之吉順也

處險之下故必用拯无應於上順比九二之剛拯而馬壯其吉宜也

九二渙奔其机悔亡象曰渙奔其机得願也

奮於險中進而之前則難解悔亡故曰奔其机三四皆險故曰得願若退累於初則險不能出其悔終存

六三渙其躬无悔象曰渙其躬志在外也
援上而進惟求自脫於險无悔而已非能及物者
也
六四渙其羣元吉渙有丘匪夷所思象曰渙其羣元
吉光大也
已勴險外无私其應常以拯衆爲心則其志光大
獲吉若志在所歸之地近累於五則非能平均其
慮者也
九五渙汗其大號渙王居无咎象曰王居无咎正位
也
爲渙之主使物徧被其澤正位凝命可以免咎不

私於應故能均布其大號也渙然廓大以王道自居乃无咎

上九渙其血去逖出无咎象曰渙其血遠害也

乘剛在上若係於三害不可免能絶棄陰類遠去其難則可免咎

節

節亨苦節不可貞彖曰節亨剛柔分而剛得中苦節不可貞其道窮也說以行險當位以節中正以通天地節而四時成節以制度不傷財不害民象曰澤上有水節君子以制數度議德行

以苦節爲貞其道之窮必矣

初九不出户庭无咎象曰不出户庭知通塞也
見塞於九二故不出
九二不出門庭凶象曰不出門庭凶失時極也
體柔位陰故不出門庭凶
六三不節若則嗟若无咎象曰不節之嗟又誰咎也
處非其位失節也然能居不自安則人將容之故
无咎兑説也故能嗟咨取容
王弼於此无咎又别立一例只舊例亦可推行但
能嗟其不節有過之心則亦无咎也若武帝下罪
己之詔而天下悦大人過旣改則復何咎之有
六四安節亨象曰安節之亨承上道也九五甘節吉

往有尚象曰甘節之吉居位中也

以剛居中得乎盛位優爲其節者也守之不懈富貴常保故曰往有尚

上六苦節貞凶悔亡象曰苦節貞凶其道窮也

處險之極故曰苦節苦節而不正悔也必正而凶則道雖窮而悔亡苦節反若獲吉取悔必多

中孚

中孚豚魚吉利涉大川利貞彖曰中孚柔在內而剛得中說而巽孚乃化邦也豚魚吉信及豚魚也利涉大川乘木舟虛也中孚以利貞乃應乎天也象曰澤上有風中孚君子以議獄緩死

中孚上巽施之下悅承之其中必有感化而出焉者蓋孚者覆乳之象有必生之理信且正天之道也

初九虞吉有他不燕象曰初九虞吉志未變也

爲信之始其信未孚而志應在四進有二三剛柔之間非以禮自防使爲衆所信取悔之道也故必防其萌使志不亂孚交如則威如乃吉

九二鳴鶴在陰其子和之我有好爵吾與爾靡之象曰其子和之中心願也

居中體巽无所私係德必有鄰物願所歸位以德致爲五所任故曰與爾靡之靡偃也順從之也

六三得敵或鼓或罷或泣或歌象曰或鼓或罷位不當也

處非所安物之所惡剛而乘之柔不相比進退之際惟敵是求不恒其德莫非已致（一作惟敵是得故求之云云）

六四月幾望馬匹亡无咎象曰馬匹亡絶類上也

誠以接物體巽居柔陰德之盛美者也陰德盛美物所願交故必一其所應絶類於上使陰不疑陽如月近望而不過於盈可以无咎（一作免咎）

九五有孚攣如无咎象曰有孚攣如位正當也

處乎盛位而信不交物未免於咎也

上九翰音登于天貞凶象曰翰音登于天何可長也

子能

處信之極好居物上信而无實窮上必凶一云將
變而爲小過也

小過

小過亨利貞可小事不可大事飛鳥遺之音不宜上
宜下大吉彖曰小過小者過而亨也過以利貞與時
行也柔得中是以小事吉也剛失位而不中是以不
可大事也有飛鳥之象焉飛鳥遺之音不宜上宜下
大吉上逆而下順也

時宜用過雖過正也
失其所安者必矯其所爲以求安過於自大其勢
必危過於自損可以獲吉故曰上逆而下順飛鳥

之象

象曰山上有雷小過君子以行過乎恭喪過乎哀用過乎儉

過恭哀儉皆宜下之義

初六飛鳥以凶象曰飛鳥以凶不可如何也六二過其祖遇其妣不及其君遇其臣无咎象曰不及其君臣不可過也

與其上比於陽不若下遇於陰與其上合於五不若退附於初宜下之義也无應於上故能免咎臣居巳下猶不可過況其它乎

九三弗過防之從或戕之凶象曰從或戕之凶如何

也
居陽以剛而應于上爲衆所疾非過爲防愼人或
戕之凶之甚也
九四无咎弗過遇之往厲必戒勿用永貞象曰弗過
遇之位不當也往厲必戒終不可長也
道非剛亢故无咎有應於下故曰弗過遇之過此
以往難无以除故危而必戒不可常然故勿用永
貞一云九四以陽居陰而乘九三之剛非其過也
乃適與之遇耳故无咎若幸是而往必危以爲戒
終不可久故勿用永正當思奮爾
六五密雲不雨自我西郊公弋取彼在穴象曰密雲

不雨巳上也

不能畜剛止健凡言自我西郊進而不巳也柔得中小事吉故曰公弋取彼在穴非及物之功且不能摧敵止暴也三止於下隱伏之象故曰在穴小過有飛鳥之象故因曰取彼在穴雨必蒸聚自下而上則其潤澤周普今日西而東趨其所應其施未光也巳上亦尚往之義

上六弗遇過之飛鳥離之凶是謂災眚象曰弗遇過之巳亢也

不宜上而上乃自取之災也

既濟

既濟亨小利貞初吉終亂彖曰既濟亨小者亨也利貞剛柔正而位當也初吉柔得中也終止則亂其道窮也象曰水在火上既濟君子以思患而豫防之

通其變然後可久故止則亂也

初九曳其輪濡其尾无咎象曰曳其輪義无咎也六二婦喪其茀勿逐七日得象曰七日得以中道也九三高宗伐鬼方三年克之小人勿用象曰三年克之憊也

上六險而應此處卦之未濟以終亂者也故以比鬼方九三以陽居陽文明而正故用師雖久困而必克小人用之取亡之道也

六四繻有衣袽終日戒象曰終日戒有所疑也九五東鄰殺牛不如西鄰之禴祭實受其福象曰東鄰殺牛不如西鄰之時也實受其福吉大來也

東鄰上六也西鄰六四也過於濟厚也幾於中時也濟而合禮雖薄受福九五既濟之主舉上與下其義之得不言而著也

上六濡其首厲象曰濡其首厲何可久也

未濟

未濟亨小狐汔濟濡其尾无攸利彖曰未濟亨柔得中也小狐汔濟未出中也濡其尾无攸利不續終也雖不當位剛柔應也象曰火在水上未濟君子以慎

辨物居方初六濡其尾吝象曰濡其尾亦不知極也
九二曳其輪貞吉象曰九二貞吉中以行正也六三
未濟征凶利涉大川象曰未濟征凶位不當也
　有強援於上故利涉大川非義躁進凶之道也
九四貞吉悔亡震用伐鬼方三年有賞于大國象曰
貞吉悔亡志行也
　剛陽之德迫近至尊非正而吉悔所招也初處險
　中叛而未一奮動討伐其勢必克堪上之任是以
　有賞
六五貞吉无悔君子之光有孚吉象曰君子之光其
暉吉也上九有孚于飲酒无咎濡其首有孚失是象

曰飲酒濡首亦不知節也

飲酒而至於濡首不節之甚也其必失此樂也有孚

橫渠先生易說卷二

後學 成德 校訂

橫渠先生易說卷第三

繫辭上

天尊地卑乾坤定矣卑高以陳貴賤位矣

先分天地之位乾坤立則方見易故其事无非易也所以先言天地乾坤易之門戶也不言高卑而曰卑高者亦有義高以下爲基亦是人先見卑處然後見高也

不見兩則不見易[redacted]物物象天地

不曰天地而乾坤云者言其用也乾坤亦何形猶言神也人鮮識天天竟不可方體姑指日月星辰處視以爲天陰陽言其實乾坤言其用如言剛柔

也乾坤則所包者廣

動靜有常剛柔斷矣

動靜陰陽性也剛柔其體未必形靜專動直不爲物累則其動靜有常不牽制於物也然則乾爲剛果斷然不疑矣直一作著

天地動靜之理天圓則須動轉地方則須安靜

在天成象在地成形變化見矣

有形有象然後知變化之驗

是故剛柔相摩

以人言之喘息是剛柔相摩氣一出一入上下相摩錯也於鼻息見之人自鼻息相摩以蕩於腹中

物既消爍氣復升騰

乾知大始坤作成物乾以易知坤以簡能

天地雖一物理須從分別大始者語物之始乾全體之而不遺故无不知也知之先者蓋莫如乾成物者物既形矣故言作巳入於形氣也初未嘗有地而乾漸形不謂知作謂之何哉然而乾以不求知而知故其知也速坤以不爲而爲故其成也廣易則易知簡則易從易知則有親易從則有功有親則可久有功則可大可久則賢人之德可大則賢人之業易簡而天下之理得矣天下之理得而成位乎其中矣此皆言人體天地之德然也可久

者以久遠推行可大者其得體也大凡語道理之徒道達不已竟亦何所求推行及民故以賢人措諸事業而言易簡理得而成乎天地之中蓋盡人道並立乎天地以成三才則是與天地參矣但盡人道理自當耳不必受命仲尼之道豈不可以參天地

言知者知而已言能者涉於形氣能能成物也易則易知易知則有親令夫虎豹之爲物豢之雖馴人亦不敢遂以親狎爲其難測惟其平易則易知易信信則人任焉以其可信人斯委任故易以有功矣道體至廣所以有言易有言小有言大无乎

不在

坤至柔而動也剛乃積大勢成而然爾乾至健无體爲感速故易知坤至順不煩其施普故簡能志大則才大事業大故曰可大又曰富有志久則氣久德性久故曰可久又曰日新德業不可久不可大不足謂之賢況可謂之聖乎

易簡理得則知幾知幾然後經可正天下達道五其生民之大經乎經正則道前定事豫立不疑其所行利用安身之要莫先焉

成位乎其中與天地合其德

聖人設卦觀象繫辭焉而明吉凶剛柔相推而生變

化是故吉凶者失得之象也悔吝者憂虞之象也變
化者進退之象也剛柔者晝夜之象也六爻之動三
極之道也
吉凶者失得之著也變化者進退之著也設卦繫
辭所以示其著也吉凶變化悔吝剛柔易之四象
歟悔吝由贏不足而生亦兩而已變化進退之象
云者進退之動也微必驗之於變化之著故察進
退之理爲難察變化之象爲易六爻盡利而動所
以順陰陽剛柔仁義性命之理也故曰六爻之動
三極之道也
是故君子所居而安者易之序也

序猶言分也易之中有貴有賤有吉有凶皆其自然之分也所居皆安之君子安分也

所樂而玩者爻之辭也

言君子未嘗須臾學不在易玩玩習也每讀則每有益所以可樂

動則觀其變而玩其占

占非卜筮之謂但事在外可以占驗也觀乎事變斯可以占矣蓋居則觀其象而玩其辭此所以動則觀其變而玩其占也

彖者言乎象者也

象謂一卦之質

齊小大者存乎卦

卦有稱名至小而與諸卦均齊者各著其義也蓋

稱名小而取類大也

辯吉凶者存乎辭

欲見小疵者必存乎辭

憂悔吝者存乎介

悔吝吉凶之萌惟介於石者能見幾而作

憂悔吝者存乎介欲觀易象之小疵宜存志靜知

所動之幾微也靜知一作靜志

震无咎者存乎悔

凡言无咎者必求其始皆有悔今能改之也有咎

而免者善震而補也

易與天地準故能彌綸天地之道

易與天地準此言易之書也易行乎其中造化之謂也言彌綸範圍此語必夫子所造彌者彌縫補綴之義綸者往來經營之義易之爲書與天地準易即天道獨入于爻位繫之以辭者此則歸於人事蓋卦本天道三陰三陽一升一降而變成八卦錯綜爲六十四分而有三百八十四爻也因爻有吉凶動靜故繫之以辭存乎教誡使人動則觀其變而玩其占其出入以度内外使知懼又明於憂患與故无有師保如臨父母聖人與人撰出一法

律之書使人知所向避易之義也

仰以觀於天文俯以察於地理是故知幽明之故原始反終故知死生之説

天文地理皆因明而知之非明則皆幽也此所以知幽明之故萬物相見乎離非離不相見也見者由明而不見非无物也乃是天之至處彼異學則皆歸之空虛蓋徒知乎明而已不察夫幽所見一邊耳

氣聚則離明得施而有形氣不聚則離明不得施而无形方聚也安得不謂之有方其散也安得遽謂之无故聖人仰觀俯察但云知幽明之故不云

知有无之故

盈天地之間者法象而已文理之察非離不相覩也方其形也有以知幽之故方其不形也有以知明之故

與天地相似故不違知周乎萬物而道濟天下故不過旁行而不流

如天地无私則於道不離然遺物而獨化又過乎大中之表也故下文曰範圍天地之化而不過曲成萬物而不遺通乎晝夜之道而知

未能周萬物則必有過過失也君子立法必其智周天下之利害而其道又足以濟天下然後不過

過失也知周萬物道濟天下然後不錯若不如此或得於彼則或失於此也天惟運動一氣鼓萬物而生无心以恤物聖人則有憂患不得似天天地設位聖人成能聖人主天地之物又智周乎萬物而道濟天下必也爲之經營不可以有愛付之无憂

旁行不流圓神不倚也

安土敦乎仁故能愛

安土樂其所自生忠厚之道也

範圍天地之化而不過

過則溺於空淪於靜既不能存其神又不能知夫

化矣大抵過則不是着有則是着无聖人自不言有无諸子乃以有无爲説説有无斯言之陋也在易則惟曰神則可以兼統

通乎晝夜之道而知

不偏滯於晝夜之道故曰通知

故神无方而易无體

繫辭言易大槩是語易書制作之意其言易无體之類則是天易也神易雖是一事方與體雖是一義以其不測故言无方以其生生故言无體然則易近於化

一陰一陽之謂道

一陰一陽是道也能繼繼體此而不已者善也善之猶言能繼此者也其成就之者則必俟見性是之謂聖仁者不已其仁始謂之仁知者不已其知方謂之知此是致曲曲能有誠也誠則有變化必仁智會合乃爲聖人也前謂聖者於一節上成性也夷惠所以亦得稱聖人然行在一節而已百姓日用而不知蓋所用莫非在道飲食男女皆性也但已不自察由旦至暮凡百舉動莫非感而不之知今夫心又不求感又不求所以醉而生夢而死者衆也

繼之者善也成之者性也

言繼繼不已者善也其成就者性也仁智各以成性猶仁禮以成性

勉勉而不息可謂善成而存存在乎性仁知見之所謂曲能有誠者也不能見道其仁知終非性之有也

性未成則善惡混故亹亹而繼善者斯爲善矣惡盡去則善因以亡故舍曰善而曰成之者性神不可致思存焉可也化不可助長順焉可也存虛名久至德順變化達時中仁之至義之盡也知微知彰不舍而繼其善然後可以成之性矣

仁者見之謂之仁知者見之謂之知

聞見不足以爲已有仁者見之謂之仁知者見之謂之知心各有本性始爲已有茍未見性須當勉勉今學者既知趨向殊不費力何謂不勉勉

百姓日用而不知

百姓日用不知溺於流也

鼓萬物而不與聖人同憂

老子言天地不仁以萬物爲芻狗此是也聖人不仁以百姓爲芻狗此則異矣聖人豈有不仁所患者不仁也天地則何意於仁鼓萬物而已聖人則仁耳此其爲能弘道也天不能皆生善人政以天无意也鼓萬物而不與聖人同憂聖人之於天下

一法則无不善也然古者治世多而後世不治何也
人徒見文字所記自唐虞以上幾治幾亂須歸之
運數有大運有小運故孟子曰天之生民久矣一
治一亂
系之爲言或說易書或說天或說人卒歸一道蓋
不異術故其參錯而理則同也鼓萬物而不與聖
人同憂則於是分出人之道不可混天鼓萬物而
與聖人同憂此言天德之至也與天同憂樂垂法
於後世雖是聖人之事亦猶聖人之末流耳
神則不屈无復回易鼓萬物而不與聖人同憂者
此直謂天也天則无心神故可以不詘聖人則豈

忘思慮憂患難聖亦人耳焉得遂欲如天之神庸不害於其事聖人苟不用思慮憂患以經世則何用聖人天治自足矣

聖人所以有憂者聖人之仁也不可以憂言者天也蓋聖人成能所以異於天地

富有之謂大業日新之謂盛德

富有廣大不禦之盛歟日新悠久无疆之道歟富有者大无外也日新者久无窮也顯其聚也隱其散也顯且隱幽明所以存乎象聚且散推盪所以妙乎神日新之謂盛德過而不有不疑滯於心知之細也非盛德日新惟日新是謂盛德義理一貫

然後日新

生生之謂易

生生猶言進進也

極數知來之謂占

極數之來前知也前知其變有道術以通之君子所以措於民者遠矣

通變之謂事

能通其變而措於民聖人之事業也

易簡之善配至德

循天下之理之謂道得天下之理之謂德故曰易簡之善配至德

知崇禮卑崇效天卑法地天地設位而易行乎其中矣成性存存道義之門

非知德不崇非禮業不廣

崇天也形而上也通晝夜之道而知其知崇矣知及之而不以禮性之非己有也故知禮成性而道出如天地位而易行天地位定而易行其中知禮成而道義出夫易聖人所以崇德廣業以知爲德以禮爲業也蓋知崇則德崇矣此論易書之道而聖人亦以教人天地設位而易行乎其中比下文成性存存道義之門而言也天地設位故易行乎其中知禮成性則道義自此而出也道義之門者

由仁義行也聖人亦必知禮成性然後道義從此出譬之天地設位則造化行於其中知則務崇禮則惟欲乎卑成性須是知禮存存則是長存知禮亦如天地設位

何以致不息成性則不息誠成也誠爲能成性也仁人孝子所以成身栁下惠不息其和也伯夷不息其清也於清和以成其性故亦得爲聖人也然清和猶是一端不得完正不若知禮以成性即道義從此出

智極其高故效天禮着實處故法地人必禮以立失禮則孰爲道天地設位而易行乎其中成性存

存道義之門得知禮以成性性乃存然後道義從此出

學不能自信而明者患在不勉耳當守道不回如川之流源泉混混不捨晝夜无復回卻則自明自得之也易曰繼之者善也惟能相繼而不已者道之善也至於成性則不勉而中不思而得從容中道矣易曰成性存存道義之門

繫辭焉以斷其吉凶是故謂之爻言天下之至賾而不可惡也

易語天地陰陽情僞至隱賾而不可惡也諸子馳騁說辭窮高極幽而知德者厭其言故言爲非艱

使君子樂取之爲貴

易之爲書有君子小人之雜道有陰陽爻有吉凶之戒使人先事決疑避凶就吉

擬之而後言議之而後動擬議以成其變化

凡一言動是非可不可隨之而生所以要慎言動擬之而後言議之而後動不越求是而已

自此以下皆著爻象之詞所以成變化之道擬議以教人也凡有一迹出則便有无限人議論處至如天之生物亦甚有不齊處然天則无心不恤此所以要慎易曰擬之而後言議之而後動只是要求是也

子曰君子之道或出或處或默或語二人同心其利斷金同心之言其臭如蘭

君子自知自信了然不惑又於出處語默之際獲與人同則其志決然利可斷金惟仁者能聽盡言己不欲爲善則已苟欲爲善惟恐人之不言二人同心其利斷金夫一人固自明矣又有一人言而同心其爲利也如金鐵之可斷

義理必至于出處語默之不可易如此其同也已固自信又得一人與之同故利可斷金

大衍之數五十其用四十有九

大衍之數五十其用四十有九天地之數也一固

不爲用天一地二天三地四天五地六天七地八天九地十夫混然一物无有始終首尾其中何數之有然言者特示有漸耳理須先數天又須先言一次乃至於十也且天下之數止於十窮則自十而反一又數當止於九其言十者九之耦也楊雄亦曰五復守於五行者蓋地數无過天數之理孰有地大於天乎故知數止於九九是陽極也十也者姑爲五之耦焉耳

分而爲二以象兩掛一以象三揲之以四以象四時歸奇於扐以象閏五歲再閏故再扐而後掛天數五地數五五位相得而各有合天數二十有五地數三

十凡天地之數五十有五此所以成變化而行鬼神也乾之策二百一十有六坤之策百四十有四凡三百有六十當期之日二篇之策萬有一千五百二十當萬物之數也

極兩兩是謂天參數雖三其實一也象成而未形也

兩地兩效剛　七離九
兩柔之法也　六坎八

參天兩地此但天地之質也通其數爲五乾坤正合爲坎離之數當六七精爲日月麤爲水火坎離合而後萬物生得天地最靈爲人故人亦參爲性兩爲體推其次序數當八九八九而下土其終也故土之爲數終於地十過此以往萬億无窮不越

十終反一而已陽極於九陰終於十數乃成五行奇耦乃備過此周而反始滋至无算不越於是陽用其極陰不用極而用六者十者數之終九之配也地无踰天之理終於其終而已焉參天兩地五也

一地兩二也一天三三也　三地兩六也三天三九也坤用乾用　五地兩十也五天三十五也

凡三五乘天地之數總四十有五并參天兩地者數之五共五十虛太極之一故其用四十有九

掛一象三象天地之三也揲象四時四時揲之數不過十十時乃三歲半舉三揲多之餘也直云五歲再閏者盡遇多之極也揲餘九則揲者四十而已四十乃時之數也

六七五八四九三十二一此相間循環之數也

五位相得而各有合一二相間是相得也各有合以對相合也如一六二七三八四九各有合神也位相得化也

奇所掛之一也扐左右手四揲之餘也再扐後掛者每成一爻而後掛也謂第二第三揲不掛也閏常不及三歲而再至故曰五歲再閏此歸奇必俟於再扐者象閏之中間再歲也

成變化行鬼神成行陰陽之氣而已矣

是故四營而成易十有八變而成卦八卦而小成引而伸之觸類而長之天下之能事畢矣顯道神德行是故可與酬酢可與祐神矣

示人吉凶其道顯陰陽不測其德神顯故可與酬酢神故可與祐神受命如響故可與酬酢知來藏往故可與祐神示人吉凶其道顯矣知來藏往其德行神矣語蓍龜之用也

顯道者危使平易使傾懼以終始其要无咎之道也神德行者寂然不動冥會於萬化之感而莫知爲之者也受命如響故可與酬酢曲盡鬼謀故可與祐神顯道神德行此言蓍龜之行也

子曰知變化之道者其知神之所爲乎

化之於己須臾之化則知須臾之頃必顯一日之化則知一日之化有殊易知變化之道則知神之

所爲又曰知幾其神乎

惟神爲能變化以其一天下之動也人能知變化之道其必知神之爲也聖人之進豈不自見今在學者區别是非有化於神者猶能知之况聖人乎易言窮神知化又言知變化之道安得不知

易有聖人之道四焉以言者尚其辭以動者尚其變以制器者尚其象以卜筮者尚其占

辭變象占皆聖人之所務也易道具焉（一本无易道具焉四字有故曰神而明之存乎其人十字）

尚辭則言无所苟尚變則動必精義尚象則法必致用尚占則謀必知來四者非知神之所爲孰能

與於此知德之難言知之至也孟子謂我於辭命則不能又謂浩然之氣難言易謂不言而信存乎德行又以尚辭爲聖人之道非知德達乎是哉學未至于知德語皆有病形而上者得辭斯得象矣故變化之理須存乎辭言所以顯變化也易有聖人之道而曰以言者尚其辭辭者聖人之所以聖人言命字極難辭之盡理而无害者須出於精義易有聖人之道四曰以言者尚其辭必至於聖人然後其言乃能无敝蓋由精義所自出也故辭不可以不修

是以君子將有爲也將有行也問焉而以言其受命

也如響无有遠近幽深遂知來物非天下之至精其孰能與於此參伍以變錯綜其數通其變遂成天地之文極其數遂定天下之象非天下之至變其孰能與於此易无思也无爲也寂然不動感而遂通天下之故非天下之至神其孰能與於此夫易聖人之所以極深而研幾也唯深也故能通天下之志唯幾也故能成天下之務唯神也故不疾而速不行而至子曰易有聖人之道四焉者此之謂也

有不知則有知无不知則无知是以鄙夫有問仲尼竭兩端而空易受命乃如響无有遠近幽深遂知來物非天下之至精孰能與於此言易之爲書

也至精者謂聖人窮理極盡精微處中庸所謂至
矣天下之理斯盡因易之三百八十四爻變動以
寓之人事告人以當如何時如何事如何則吉如
何則凶宜動宜靜丁寧以爲告戒所以因貳以濟
民行也

既言參伍矣參伍而上復如何分別

氣之聚散於太虛猶氷凝釋於水知太虛即氣神
變易而已諸子淺妄有有无之分非窮理之學也

易非天下之至精則辭不足待天下之問非深不
足通天下之志非通變極數則文不足以成物象
不足以制器幾不足以成務非周知兼體則其神

不能通天下之故故不疾而速不行而至也非至精至變至神不能與故曰神而明之存乎其人无知者以其无不知也若言有知則有所不知也惟其无知故能竭兩端易所謂寂然不動感而遂通也无知則神矣苟能知此則於神爲近无知者亦以其術素備也道前定則不窮一故神譬之人身四體皆一物故觸之而无不覺不待心使至此而後覺也此所謂感而遂通不行而至不疾而速也物形乃有小大精麤神則无精麤神即神而已不必言作用譬之三十輻共一轂則爲車若无轂與輻亦何以見車之用感皆出於性性之流也

惟是君子上達小人下達之爲別

易言感而遂通者蓋語神也雖指暴者謂之神然暴亦固有漸是亦化也

聖人通天下之志雖愚人與禽獸猶能識其意有所感則化感亦有[redacted]難專以化言感而遂通者神又難專謂之化也

天一地二天三地四天五地六天七地八天九地十

此語恐在天數五地數五處然聖人之於書亦有不欲併一說盡慮易知後則不復研究故有易有難或在此說或在彼說然要終必見但俾學者潛心

子曰夫易何爲者也夫易開物成務冒天下之道如斯而已者也

開物成務物凡物也務事也開明之也成處之也事无大小不能明何由能處雖至麤至小之事亦莫非開物成務譬如不深耕易耨則稼穡烏得而立惟深也故能通天下之志惟幾也故能成天下之務是則開物成務者必也有濟時之才

是故聖人以通天下之志以定天下之業以斷天下之疑是故蓍之德圓而神卦之德方以知

圓神故能通天下之志方知故能定天下之業爻貢所以斷天下之疑易書成三者備民患明聖人

得以洗濯其心而退藏於密矣

能通天下之志者爲能感人心

吉凶與民同患

吉凶可以正勝非聖人之患也

神以知來知以藏往

非神不能顯諸仁非知不知藏諸用

開物於幾先故曰知來明憂患而弭其故故曰藏往

古之聰明睿知神武而不殺者夫

神武不殺神知之大者使知懼而不犯神武者也

是以明於天之道而察於民之故是興神物以前民

用

言天之變遷禍福之道由民之逆順取捨之故故

作易以先之

聖人以此齊戒以神明其德天

民患除憂疑亡用利身安故可退藏於密窮神知

化以崇高其德也自此而下又歷言其德之出而

異名也

是故闔戶謂之坤闢戶謂之乾一闔一闢謂之變

闔戶靜密也闢戶動達也形開而目覩耳聞受於

陽也一動一靜是道之常專於動靜則偏也一闔

一闢謂之變人之有息蓋剛柔相摩乾坤闔闢之

象也

制而用之謂之法

因其變而裁制之以教天下聖人之法也

利用出入民咸用之謂之神

用之不窮莫知其鄉故名之曰神

是故易有大極是生兩儀兩儀生四象四象生八卦

八卦定吉凶吉凶生大業

四象即乾之四德四時之象故下文云變通莫大乎四時盡吉凶之理則能盡天人之助而成位乎其中矣故下云崇高莫大乎富貴有吉凶利害然後人謀作大業生若无施不宜則何業之有

天生神物聖人則之

天生蓍龜聖人則之以占兆一云占之以兆

天地變化聖人效之

天地變化聖人作易以蓍效之故曰聖人效之

天垂象見吉凶聖人象之

作易以示人猶天垂象見吉凶

河出圖洛出書聖人則之

作書契效法猶地出圖書一云猶河洛

易曰自天祐之吉无不利子曰祐者助也天之所助者順也

自易曰自天祐之此篇宜在立心勿恒凶下蓋上

言莫益之故此言多助也

變而通之以盡利

理勢既變不能與時順通非盡利之道

鼓之舞之以盡神

鼓天下之動者存乎神神一作詞天下之動神鼓之也神則主於動故天下之動皆神爲之也詞不鼓舞則不足以盡神詞謂易之詞也於象固有此意矣又繫之以詞因而駕説使人向之極盡動之義也歌舞爲巫風言鼓舞之盡神者與巫之爲人无心若風狂然主於動而已故以好歌舞爲巫風猶之如巫也巫主於動以至於鼓

舞之極也故曰盡神因說鼓舞之義故取巫以爲言語其動而已

乾坤其易之緼邪乾坤成列而易立乎其中矣乾坤毁則无以見易易不可見則乾坤或幾乎息矣

陰陽剛柔仁義之本立而後知趨時應變故乾坤毁則无以見易感而後有通不有兩則无一故聖人以剛柔立本乾坤毁則无以見易

乾坤既列則其間六十四卦爻位錯綜以爲變易苟乾坤不列則何以見易易不見則是无乾坤乾坤天地也易造化也聖人之意莫先乎要識造化既識造化然後有理可窮彼惟不識造化以爲幻

妄也不見易則何以知天道不知道則何以語性

是故形而上者謂之道形而下者謂之器化而裁之謂之變推而行之謂之通舉而錯之天下之民謂之事業

一陰一陽不可以形器拘故謂之道乾坤成列而下皆易之器乾坤交變因約裁其變而別之故謂之變推而行其變盡利而不遺可謂通矣舉盡利之道而錯諸天下之民以行其典禮易之事業也遺一作匱

約裁其化而指別之則名體各殊故謂之變

運於无形之謂道形而下者不足以言之鼓萬物

而不與聖人同憂天道也聖不可知也无心之妙非有心所及也

形而上是无形體者也故形以上者謂之道也形而下是有形體者故形以下者謂之器无形迹者即道也如大德敦化是也有形迹者即器也見於事實如禮義是也

聖人因天地之化裁節而立法使民知寒暑之變故謂之春夏秋冬亦化而裁之一端耳

凡不形以上者皆謂之道惟是有无相接與形不形處知之爲難須知氣從此首蓋爲氣能一有无无則氣自然生是道也是易也

化而裁之存乎變推而行之存乎通

變則化由麤入精也化而裁之謂之變以著顯微也化而裁之存乎變存四時之變則周歲之化可裁存晝夜之變則百刻之化可裁推四時而行則能存周歲之通推晝夜而行則能存百刻之通

神而明之存乎其人默而成之不言而信存乎德行

上天之載无聲臭可象惟儀刑文王當冥契天德而萬邦信說故易曰神而明之存乎其人不知上天之載當存文王默成存德性則自然默成而信矣

神而明之存乎其人道至有難明處而能明之此

則在人也凡言神亦必待形然後著不得形神何以見神而明之存乎其人然則亦須待人而後能明乎神

繫辭下

八卦成列象在其中矣因而重之爻在其中矣剛柔相推變在其中矣繫辭焉而命之動在其中矣吉凶悔吝者生乎動者也剛柔者立本者也變通者趨時者也吉凶者貞勝者也

變其勢也動其情也情有邪正故吉凶生變能通之則盡利能正夫一則吉凶可勝而天地不能藏其迹日月不能眩其明辭各指其所之聖人之情

也指之使趨時盡利順性命之理臻三極之道也能從之則不陷於凶悔矣所謂變動以利言者也然爻有攻取愛惡本情素動因生吉凶悔吝而不可變者乃所謂吉凶以情遷者也能深存繫辭所命則二者之動見矣又有義命當吉當凶當否當亨者聖人不使避凶趨吉一以貞勝而不顧如大人否亨有隕自天過涉滅頂凶无咎損益龜不克違及其命亂也之類三者異情不可不察

天地之道貞觀者也日月之道貞明者也天下之動貞夫一者也

著天地日月以剛柔立其本也其變雖大蓋不能

遷夫正者也一本下有剛柔立本故又著見之正明不爲日月所眩正觀不爲天地所遷貞正也本也不眩不惑不倚之謂也天地之道至廣至大貞乃能觀也日月之明貞乃能明也天下之動貞乃能一也蓋言天地之道不眩惑者始能觀之日月之明不眩惑者始能明之天下之動不眩惑者始能見夫一者也所以不眩惑者何正以是本也本立則不爲聞見所轉其見其聞須透徹所從來乃不眩惑此蓋謂人以貞而觀天地明日月一天下之動也

正明不爲日月之所眩正觀不爲天地之所遷正觀正明是已以正而明日月觀天地也爲日月之

明與天地變化所眩惑故必巳以正道觀之能如是不越乎窮理豈惟耳目所聞見必從一德見其大源至於盡處則可以不惑也存嘿識實有信有此苟不自信則終爲物役事千變萬化其究如此而已天下之動貞夫一者也

爻象動乎内吉凶見乎外

因爻象之既動明吉凶於未形故曰爻象動乎内吉凶見乎外

功業見乎變

隨爻象之變以通其利故功業見也

聖人之情見乎辭

聖人之情存乎教人而已

天地之大德曰生

將陳理財養物於下故先叙天地生物

聖人之大寶曰位何以守位曰仁

失位則无以參天地而措諸民也

古者包犧氏之王天下也仰則觀象於天俯則觀法於地觀鳥獸之文與地之宜

此皆是聖人取之於糟粕也

地之宜如爲黑爲剛鹵爲大塗

以通神明之德以類萬物之情

神明之德通於萬殊萬物之情類於形器

作結繩而爲罔罟以佃以漁蓋取諸離

柔附於物飲血茹毛之教古所先有

包犧氏没神農氏作斲木爲耜揉木爲耒耒耨之利

以教天下蓋取諸益

天施地生損上益下播種次之

日中爲市致天下之民聚天下之貨交易而退各得

其所蓋取諸噬嗑

聚而通交相有无次之

神農氏没黄帝堯舜氏作通其變使民不倦神而化

之使民宜之

鴻荒之世食足而用未備堯舜而下通其變而教之也神而化之使不知所以然運之无形以通其變不類革之使民宜之也

立法須是過人者乃能之若常人安能立法凡變法須是通通其變使民不倦豈有聖人變法而不通也

黄帝堯舜垂衣裳而天下治蓋取諸乾坤

君逸臣勞

上古无君臣尊卑勞逸之别故制以禮垂衣裳而天下治必是前世未得如此其文章禮樂簡易朴略至堯則煥乎其有文章然傳上世者止是伏犧

神農此仲尼道古也猶據聞見而言以上則不可得而知所傳上世者未必有自從來如此而已安知其閒固嘗有禮文一時磨滅耳又安知上世无不如三代之文章者乎然而如周禮則不過矣可謂周盡今言治世且指堯舜而言可得傳者也歷代文章自夫子而損益之見其禮而知其政聞其樂而知其德不可加損矣

刳木爲舟剡木爲楫舟楫之利以濟不通致遠以利天下蓋取諸渙

舟車之作舟易車難故舟先於車

服牛乘馬引重致遠以利天下蓋取諸隨

不勞而得其欲故動而悅

重門擊柝以待暴客蓋取諸豫

有備則无患故豫

斷木爲杵掘地爲臼臼杵之利萬民以濟蓋取諸小過

備物致用過以養物

弦木爲弧剡木爲矢弧矢之利以威天下蓋取諸睽

養道雖至禁網尚疎但懲其乖亂而已

上古穴居而野處後世聖人易之以宮室上棟下宇以待風雨蓋取諸大壯

剛以承上柔以覆下上其棟下其宇之象

棟屋脊檁也宇椽也若指第二檁爲棟則其閒已
有宇不得上棟也若指袱爲棟又益遠矣宇[redacted]垂
而下故言下宇
上古結繩而治後世聖人易之以書契百官以治萬
民以察蓋取諸夬
禮成教備養道足而後刑可行政可明明而不疑
易說制作之意蓋取諸某卦止是取義與象契非
必見卦而後始有爲也然則是言夫子之言耳
陽一君而二民君子之道也陰二君而一民小人之
道也

一其歸者君子之道多以御者小人之理（御作禦）一陽遍體衆陰衆陰共事一陽理也是故二君共一民一民事二君上與下皆小人之道也一君而體二民二民而宗一君上與下皆君子之道也

易曰憧憧往來朋從爾思子曰天下何思何慮天下同歸而殊塗一致而百慮天下何思何慮日往則月來月往則日來日月相推而明生焉寒往則暑來暑往則寒來寒暑相推而歲成焉往者屈也來者信也屈信相感而利生焉尺蠖之屈以求信也龍蛇之蟄以存身也精義入神以致用也利用安身以崇德也

正惟存神爾不能利用使不思不勉執多以御故

憧憧之心勞而德喪矣將陳悟智交養故序日月寒暑屈申相感之義也

君子行義以達其道精一於義使不思而得不勉而中如介于石故能見幾而作天下何思何慮明屈申之變斯盡之矣日月相推而明生焉寒暑相推而歲成焉神易无方體一陰一陽不測皆所謂通乎晝夜之道也

屈申相感而利生感以誠也情僞相感而利害生雜之僞也精義入神事豫吾内求利吾外也利用安身索利吾外致養吾内也窮神知化乃養成自然非思勉之能強故崇德而外君子未或致知也

精義入神養之至也

義以經爲本經正則精仁以敦化爲深化行則顯義入神動一靜也仁敦化靜一動也仁敦化則无體義入神則无方

何思何慮行其所无事而已下文皆是一意行其所无事惟務崇德但妄意有意即非行其所无事行其所无事則是意必固我已絕今天下无窮動靜情僞止一屈申而已在我先行其所无事則復何事之有日月寒暑之往來尺蠖之屈龍蛇之蟄莫非行其所无事是以惡其鑿也百慮而一致先得此一致之理則何用百慮慮雖百卒歸乎理而

已此章憧憧往來要其有心至於德之盛也率本此意咸之九四有應在初思其朋是咸其心也不言心而言心之事不能虛以受人乃憧憧而致其思咸道失矣憧憧往來心之往來也不能虛以接物而有所系着非行其所无事也精義入神豫而已學者求聖人之學以備所行之事今日先撰次來日所行必要作事如此若事在一月前則自一月前栽培挨排則至是時有備言前定事前定皆在於此積累乃能有功天下九經自是行之者也惟豫而已譔次豫備乃擇義之精若是則何患乎物至事來精義入神須從此去豫則事无備備則

用利用用利利則身安凡人應物无節則往往自失故要在利用安身益以養德也若夫窮神知化則是德之盛故云未之或知蓋大則猶可勉而至大而化則必熟化即達也精義入神以致用謂貫穿天下義理有以待之故可推用窮神是窮盡其神也入神是僅能入於神也言入如自外而入義固有淺深

精義入神要得盡思慮臨事无疑

精義入神固不待接物然君子何嘗不接物人則見君子閑坐獨處不知君子接物在其中睡雖不與物接然睡猶是成熟者

知幾其神精義入神皆豫之至也豫者見事於未萌豫即神也精義入神利用安身此大人之事大人之事則在思勉力行可以擴而至之未之或知以上事是聖人德盛自致非思勉可得猶大而化之大則人爲可勉也化則待利用安身以崇德然後德盛仁熟自然而致也故曰窮神知化德之盛也自是別隔爲一節義有精麤窮理則至於精義若精義盡性則是入神蓋爲一故神通天下爲一物在己惟是要精義入神所存能靜而不能動者此則存博學則利用用利則身安身安所以崇其德也所應皆善應過則所存者復神

窮神知化德之盛也

德盛者神化可以窮盡故君子崇之一作窮理盡性

化事之變也

大可化也大而化不可爲也在熟而已易謂窮神知化乃德盛仁熟之致非智力能强也

形而上者得辭幾得象矣神爲不測故緩詞不足以盡神化爲難知故急詞不足以體化

易所以明道窮神則无易矣

見幾則義明動而不括則用利屈申順理則身安而德滋窮神知化與天爲一有我所能勉哉乃能燭物須放心寬快公平以求之乃可見道況德性

自廣大易曰窮神知化德之盛也豈淺心可得

易曰困于石據于蒺蔾入于其宮不見其妻凶子曰非所困而困焉名必辱非所據而據焉身必危既辱且危死期將至妻其可得見邪

此明不能利其用者寡助之至親戚畔之

易曰公用射隼于高墉之上獲之无不利子曰隼者禽也弓矢者器也射之者人也君子藏器於身待時而動何不利之有動而不括是以出而有獲語成器而動者也

此明能精義以致用者

子曰小人不恥不仁不畏不義不見利不勸不威不

懲小懲而大誡此小人之福也

暗於事變者

子曰危者安其位者也亡者保其存者也亂者有其治者也是故君子安而不忘危存而不忘亡治而不忘亂是以身安而國家可保也

明君子之見幾

子曰德薄而位尊知小而謀大力少而任重鮮不及矣

不知利用以安身者

子曰知幾其神乎君子上交不諂下交不瀆其知幾乎

人道之用盡於接人而已諂瀆召禍理勢必然故

君子俯仰之際直而好義知幾莫大焉

知幾者爲能以屈爲申

幾者動之微吉之先見者也

幾知象見而未形也形則涉乎明不待神而後知

也吉之先見云者順性命則所先皆吉也

君子見幾而作不俟終日易曰介于石不終日貞吉

介如石焉寧用終日斷可識矣

知幾其神由經正以貫之則寧用終日而斷可識

矣

君子見其幾則隨有所處不可過也豈俟終日幾

者動之微吉之先見者也夫幾則吉凶皆見特言吉者不作則已作則所求乎向吉

不終日貞吉言速正則吉也六二以陰居陰獨无累於四故其介如石雖體柔順以其在中而靜何俟終日必知幾而正矣常易故知險常簡故知阻君子見常不動故能得動之微君子見幾而作不俟終日苟見其幾則時處置不欲過何俟終日幾者動之微吉之先見特言吉者事則直須求向吉也

豫之六二常不動故能得動之微

君子知微知彰知柔知剛萬夫之望

未嘗不得其中故動止爲衆人之表一無止字

知崇禮卑卬其兩端而竭也崇旣傚天卑必法地易曰原始要終故知死生之說死生止是人之終始也學必知幾造微知微之顯知風之自知遠之近可以入德由微則遂能知其顯由末卽至於本皆知微知彰知柔知剛之道也

子曰顏氏之子其殆庶幾乎有不善未嘗不知知之未嘗復行也

知不善未嘗復行不貳過也

盛德之士然後知化如顏子庶乎知化也有不善未嘗不知已得善者辨善與不善也易有不善未

嘗不知顏子所謂有不善者必只是以常意有迹處便爲不善而知之此知幾也於聖人則无之矣知德爲至當而不忘至之可見吉於微也蓋欲善不捨則善雖微必知之不誠於善者惡能爲有爲无雖終身由之不知其道烏足與幾乎顏子心不違仁故不善未嘗不知其致一也

孔子稱顏子不善未嘗不知知之未嘗復行其知不善非獨知己凡天下不善皆知之不善則固未嘗復行也又曰吾未見能見其過而内自訟亦是非獨自見其過乃見人之過而自訟其殆庶幾乎言深於知幾

天地絪緼萬物化醇男女構精萬物化生

始陳上下交以盡接人之道卒具男女致一之戒而人道畢矣氣坱然太虚升降飛揚未嘗止息易所謂絪緼莊生所謂生物以息相吹野馬者歟此虚實動靜之機陰陽剛柔之始浮而上者陽之清降而下者陰之濁其感遇聚結爲風雨爲霜雪萬品之流形山川之融結糟粕煨燼无非教也心所以萬殊者感外物而不一也天大无外其爲感者絪緼二端而已焉物之所以相感者利用出入莫知其鄉一萬物之妙者歟

子曰君子安其身而後動易其心而後語定其交而

後求君子修此三者故全也危以動則民不與也懼以語則民不應也无交而求則民不與也莫之與則傷之者至矣易曰莫益之或擊之立心勿恒凶

此又終以昧於致用之戒

子曰乾坤其易之門邪乾陽物也坤陰物也陰陽合德而剛柔有體

推而行之存乎通所謂合德隤然確然所謂有體乾於天爲陽於地爲剛於人爲仁坤於天則陰於地則柔於人則義先立乾坤以爲易之門戶旣定剛柔之體極其變動以盡其時至於六十四此易之所以教人也

其稱名也雜而不越

其文詞錯綜而條理不雜

於稽其類其衰世之意邪

世衰則天人交勝其道不一易之情也

夫易彰往而察來而微顯闡幽

如坤初六驗履霜於已然察堅冰於將至之類一

云數往知來其義一也

其事肆而隱

顯者則微之使求其原幽者則闡之使見其用故

曰其事肆而隱

因貳以濟民行

无有遠近幽深遂知來物非天下之至精孰能與於此此言易之爲書也至精者謂聖人窮理以至於極盡精微處也天下之理既已思盡易之三百八十四爻變動以寓之人事告人以當如何時如何事若其應也如何則吉如何則凶宜動宜靜丁寧以爲告戒此因貳以濟民行也

易之興也其於中古乎作易者其有憂患乎

諳識情僞吉凶之變故能體盡性命

巽德之制也

量宜接物故曰制也

履和而至

和必以禮節之注意極佳

益長裕而不設

益必實爲有益如天之生物長必裕之非虛設也益物必誠如天之生物日息必誠如川之方至施之妄學之不勤欲自益且不足益人難哉易曰益長裕而不設信夫益長裕而不設益以實也妄加以不誠之益非益也

巽稱而隱

順以達志故事舉而意隱

井以辯義

稱物平施隨所求小大與之此辯義也

巽以行權

不巽則失其宜也

易之爲書也不可遠爲道也屢遷

心不存之是遠也不觀其書亦是遠也蓋其爲道屢遷

易之爲書也原始要終以爲質也六爻相雜唯其時物也

於一卦之義原始要終究兩端以求其中六爻則各指所之非卦之質也故吉凶各類其情指其所之

其初難知其上易知本末也初辭擬之卒成之終若

夫雜物撰德辯是與非則非其中爻不備噫亦要存亡吉凶則居可知矣知者觀其彖辭則思過半矣

初上終始三四非貴要之用非内外之主中爻以要存亡吉凶如困卦正大人吉无咎蓋以剛中也小過小事吉大事凶以柔得中之類

柔之爲道不利遠者

柔之用近也

道有變動故曰爻爻有等故曰物物相雜故曰文

爻者交雜之義

易之興也其當殷之末世周之盛德邪當文王與紂之事邪

剛柔錯雜美惡渾淆文王與紂當之矣

是故其辭危危者使平易者使傾其道甚大百物不廢懼以終始其要无咎此之謂易之道也

不齊戒其心則雜而著也

百物不廢巨細无不察也

夫乾天下之至健也德行恒易以知險夫坤天下之至順也德行恒簡以知阻能説諸心能研諸侯之慮

擬議云爲非乾坤簡易以立本則易不可得而見也簡易故能悦諸心險阻故能研諸慮

簡易然後能知險阻簡易理得然後一以貫天下之道繫辭言能研諸慮止是剩侯之二字説者就

而解諸侯有爲之主若是者即是隨文耳太虚之
氣陰陽一物也然而有兩健順而已又不可謂天
无意陽之至健不爾何以發散
陰之性常順然而地體重濁不能隨則不能順則
有變矣有則有象如乾健坤順有此氣則有此象
可得而言若无則直无而已謂之何而可是无可
得名故形而上者得詞斯得象但於不形中得以
措詞者已是得象可狀也今雷風有動之象須謂
天爲健雖未嘗見然而成象故以天道言及其發
則是效也著則是成形成形則是道也若以耳目
所及求理則安得盡如言寂然湛然亦須有此象

有氣方有象雖未形不害象在其中

定天下之吉凶成天下之亹亹者是故變化云爲吉事有祥象事知器占事知來天地設位聖人成能人謀鬼謀百姓與能

言易於人事終始悉備行善事者易有祥應之理萌兆之事而易具著見之器疑慮而占則易示將來之驗有以見天地之間成能者聖人而已能畏信於易者雖百姓之愚能盡人鬼幽明之助

天能爲性人謀爲能大人盡性不以天能爲能而以人謀爲能故曰天地設位聖人成能

天人不須强分易言天道則與人事一衮論之若

分別則是薄乎云耳自然人謀合蓋一體也人謀之所經畫亦莫非天理耳

八卦以象告爻彖以情言

八卦有體故象在其中錯綜爲六十四爻彖所趨各異故曰情言

變動以利言吉凶以情遷

能變通則盡利累於其情則陷於吉凶矣

情僞相感而利害生

凡卦之所利與爻之所利皆變通之宜也如利建侯利艱貞誠則順理而利僞則不循理而害易言情僞相感而利害生則是專以人事言故有情僞

利害也屈申相感而利生此則是理也惟以利言

說卦

昔者聖人之作易也幽贊於神明而生蓍

方其將有謀也將有問也命於蓍此所謂生蓍非謂在野而生蓍也事在未來之前吉凶在書策上蓍在手中卒歸三處一時合豈非幽贊於神明而得爾也起其用也

參天兩地而倚數觀變於陰陽而立卦

地所以兩分剛柔男女而效之法也天所以參一太極兩儀而象之性也

一物兩體氣也一故神兩在故不測兩故化推行於一此天

之所以參也兩不立則一不可見一不可見則兩之用息

兩體者虛實也動靜也聚散也清濁也其究一而已

有兩則有一是太極也若一則有兩亦在无兩亦一在然无兩則安用一不以太極空虛而已非天參也

和順於道德而理於義

理義即是天道也易言理於義一也求是即爲理義言理義不如且言求是易曉求是之心俄頃不可忘理於義此理云者猶人言語之間常所謂理

者非同窮理之理凡觀書不可以相類而泥其義不爾則字字相梗觀其文勢上下如充實之美與詩之言美輕重不同

窮理盡性以至於命

性盡其道則命至其源也一作至於原也致與至爲道殊遠盡性然後至於命不可謂一不窮理盡性即是戕賊不可至於命者止能保全天所禀賦本分者且不可以有加也既言窮理盡性則不容有不知

天道即性也故思知人不可不知天能知天斯知人矣知人與窮理盡性以至於命同意

釋氏无天用故不取理彼以性爲无吾儒以參爲性故先窮理而後盡性

凡人剛柔緩急趣識无有同者此乾道變化各正性命也及盡性則皆忘之

窮理亦當有漸見物多窮理多從此就約盡人之性盡物之性天下之理无窮立天理乃各有區處

窮盡性言性已是近人言也既窮理又盡性然後能至於命命則又就已而言之也

昔者聖人之作易也將以順性命之理是以立天之道曰陰與陽立地之道曰柔與剛立人之道曰仁與義

陰陽剛柔仁義所謂性命之理易一物而三才備陰陽氣也而謂之天剛柔質也而謂之地仁義德也而謂之人

一物而兩體其太極之謂歟陰陽天道象之成也剛柔地道法之效也仁義之道性之立也三才兩之莫不有乾坤之道也易一物而合三才天人一陰陽其氣剛柔其形仁義其性

數往者順知來者逆是故易逆數也

如孟子曰苟求其故則千歲之日至可坐而致也

神也者妙萬物而爲言者也

全備天理則其體孰大於此是謂大人以其道變

通无窮故謂之聖聖人心術之運固有不疾而速
不行而至默而識之處故謂之神
動萬物者莫疾乎雷撓萬物者莫疾乎風燥萬物者
莫熯乎火說萬物者莫說乎澤潤萬物者莫潤乎水
終萬物始萬物者莫盛乎艮
造化之功發乎動畢達乎順形諸明養諸容載遂
乎悅潤勝之健不匱乎勞始終乎止
乾健也坤順也震動也巽入也坎陷也離麗也艮止
也兊説也
健動陷止剛之象順麗入説柔之體
巽爲雞

飛遷躁動不能致遠難之象

乾爲寒爲冰爲大赤

乾爲大赤其正色也爲冰健極而寒甚也

自此而下皆所以明萬物之情明一作類

坤爲文爲衆

坤爲文衆色也爲衆容載廣也

震爲旉爲蒼莨竹爲萑葦

震爲萑葦爲蒼莨竹爲旉皆蕃鮮也

巽爲木爲風爲長女爲繩直爲工爲白爲長爲高爲進退爲不果爲臭其於人也爲寡髮爲廣顙爲多白眼爲近利市三倍其究爲躁卦

巽爲木萌於下滋於上也爲繩直順以達也爲工巧且順也爲白因所遇而從也爲長爲高木之性也爲臭風也入也於人爲寡髮廣顙躁人之象也

坎爲血卦爲赤

坎爲血卦周流而勞血之象也爲赤其色也

離爲乾卦其於木也爲科上槁

離爲乾卦於木爲科上槁附其燥也一作且燥也

艮爲徑路爲小石

艮爲小石堅難入也爲徑路通或寡也或一作且

兌爲毀折爲附決

兌爲附決内實則外附必決也爲毀折物成則止

柔者必折也

序卦

序卦相受聖人作易須有次序○序卦无足疑序卦不可謂非聖人之緼今欲安置一物猶求審處況聖人之於易其間雖无極至精義大槩皆有意思觀聖人之書須布遍細密如是大匠豈以一斧可知哉

有天地然後萬物生焉盈天地之間者惟萬物故受之以屯

聚而不得出故盈雖雷亦然

物生必蒙

蒙冒未肆一作蒙穉者蒙昧未肆

需者飲食之道也

雲上於天物皆有待之象

比必有所畜故受之以小畜物畜然後有禮故受之以履

德積則行必有方物積則散必有道

坎者陷也離者麗也

一陷溺而不得出爲坎一附麗而不能去爲離

夷者傷也傷於外者必反於家故受之以家人

傷於外必反於家萬物之理自然

雜卦

屯見而不失其居

險在外故不失其居與渙解義反故曰緩必有所失

蒙雜而著

蒙雜而著著古着字雜著於物所以爲蒙蒙昏蒙也

兌見而巽伏也

兌說在外巽入在隱

井通而困相遇也

澤无水理勢適然故曰相遇

小過過也

過而未顛也

履不處也
危者安其位者也故履以不處爲吉
大過顛也
過至於顛故曰大
歸妹女之終也
妹歸而長女之終也一作歸妹
繫辭所舉易義是聖人議論到此因舉易義以成之
亦是人道之大且要者也
繫辭反復惟在明易所以爲易撮聚衆意以爲解欲
曉後人也化不可言難知可以言難見如日景之行
則可知之其所以行難見也人於龜策无情之物不

知其將如何惟是自然莫或使之然者陰陽不測之類也已方虛心以鄉之卦成於爻以占之其辭如何取以爲占聖人則又於陰陽不測處以爲占或於夢寐或於人事卜之然聖人於卜筮亦鮮蓋其爲疑少故也

不見易則不識造化不識造化則不知性命既不識造化則將何謂之性命也大易不言有无言有无諸子之陋也人雖信此說然不知能以何爲有以何謂之无如人之言曰自然而鮮有識自然之爲體觀其

幾者善之幾也惡不可謂之幾如曰幾者動之微吉之先見亦止言吉耳上交不諂下交不瀆人事不過

於上下之交此可盡人道也且如孝弟仁之本亦可以言幾造端乎夫婦亦可以言幾親親而尊賢亦可以爲幾就親親尊賢而求之又有幾焉又如言不誠其身不悅於親亦是幾處茍要入德必始於知幾

欲觀易先當玩辭蓋所以說易象也不先盡繫辭則其觀於易也或遠或近或太艱難不知繫辭而求易正猶不知禮而學春秋也繫辭所以論易之道既知易之道則易象在其中故觀易必由繫辭繫辭獨說九卦之德者蓋九卦爲德切於人事

有謂心即是易造化也心又焉能盡易之道

易象繫之以辭者於卦既已具其意象矣又切於人

事言之以示勸戒釋氏之言性不識易識易然後盡性蓋易則有无動靜可以兼而不偏舉也无則氣自然生氣之生即是道是易

乾不居正位是乾理自然惟人推之使然邪

主應物不能固知此行而流也入德處不移則是道不進重滯者也動靜不失其時是時措之宜也集義也集義久則自有光明靜則无見必動乃見其道光明以其本之光明故其發也光明學行之乃見至其疑處始是實疑於是有學險而止蒙夫於不當止而止是險也如告子之不動心必以義爲外是險而止也蒙險在内是蒙昧之義蒙方始務求學而得之始

是得所止也若蹇則是險在外者也

易乃是性與天道其字日月爲易易之義包天道變化

易非止數春秋大義不止在元

在易則是至理在孟子則是氣

橫渠先生易説卷第三

後學 成德 挍訂

橫渠先生行狀

呂大臨

先生諱載字子厚世大梁人曾祖某生唐末歷五代不仕以子貴贈禮部侍郎祖復仕眞宗朝爲給事中集賢院學士贈司空父迪仕仁宗朝終於殿中丞知涪州事贈尚書都官郎中涪州卒于西官諸孤皆幼不克歸僑寓於鳳翔郿縣橫渠鎮之南大振谷口因徙而家焉先生嘉祐二年登進士第始仕祁州司法參軍遷丹州雲巖縣令又遷著作佐郎簽書渭州軍事判官公事熙寧二年冬被召入對除崇文院校書明年移疾十年春復召還館同知太常禮院是年冬

謁告西歸十有二月乙亥行次臨潼卒于館舍享年五十有八是月以其喪歸殯於家卜以元豐元年八月癸酉葬於涪州墓南之兆先生娶南陽郭氏有子曰因尚幼先生始就外傳志氣不羣知虔奉父命守不可奪涪州器之少孤自立无所不學與邠人焦寅游寅喜談兵先生說其言當康定用兵時年十八慨然以功名自許上書謁范文正公公一見知其遠器欲成就之乃責之曰儒者自有名教何事於兵因勸讀中庸先生讀其書雖愛之猶以爲未足也於是又訪諸釋老之書累年盡究其說知无所得反而求之六經嘉祐初見洛陽程伯淳正叔昆弟于京師共語

道學之要先生渙然自信曰吾道自足何事旁求乃盡棄異學淳如也間起從仕日益久學益明方來第時文潞公以故相判長安聞先生名行之美聘以束帛延之學宮異其禮際士子矜式焉其在雲巖政事大抵以敦本善俗爲先每以月吉具酒食召鄉人高年會于縣庭親爲勸酬使人知養老事長之義因問民疾苦及告所以訓戒子弟之意有所告教常患文檄之出不能盡達于民每召鄉長于庭諄諄口諭使往告其閭里間有民因事至庭或行遇于道必問某時命某告某事聞否聞即已否則罪其受命者故一言之出雖愚夫孺子無不預聞知京兆王公樂道嘗

延致郡學先生多教人以德從容語學者曰孰能少置意科舉相從于堯舜之域否學者聞法語亦多有從之者在渭渭帥蔡公子正特所尊禮軍府之政小大咨之先生夙夜從事所以贊助之力爲多竝塞之民常苦乏食而貸于官帑不能足又屬霜旱先生力言于府取軍儲數十萬以救之又言戍兵徒往來不可爲用不若損數以募土人爲便上嗣位之二年登用大臣思有變更御史中丞呂晦叔薦先生于朝曰張載學有本原四方之學者皆宗之可以召對訪問上即命召既入見上問治道皆以漸復三代爲對上說之曰卿宜日見二府議事朕且將大用卿先生謝

曰臣自外官赴召未測朝廷新政所安願徐觀旬月繼有所獻上然之他日見執政執政嘗語曰新政之更懼不能任事求助于子何如先生對曰朝廷將大有爲天下之士願與下風若與人爲善則孰敢不盡如教玉人追琢則人亦故有不能執政默然所語多不合寖不悅既命校書崇文先生辭未得謝復命案獄浙東或有爲之言曰張載以道德進不宜使之治獄執政曰淑問如皋陶猶且獻囚此庸何傷獄成還朝會弟天祺以言得罪先生益不安乃謁告西歸居于橫渠故居遂移疾不起橫渠至僻陋有田數百畝以供歲計約而不足人不堪其憂而先生處之益安

終日危坐一室左右簡編俯而讀仰而思有得則識之或中夜起坐取燭以書其志道精思未始須臾息亦未嘗須臾忘也學者有問多告以知禮成性變化[redacted]道學必如聖人而後已聞者莫不動心有進又以爲教之必能養之然後信故雖貧不能自給苟信反躬自治不以語人雖有未論安行而无悔故識與不識聞風而畏非其義也不敢以一毫及之其家童子必使洒掃應對給侍長者女子之未嫁者必使親祭祀納酒漿皆所以養孫弟就成德嘗曰事親奉祭豈可使人爲之聞人之善喜見顏色荅問學者雖多不倦有不能者未嘗不開其端其所至必訪人才

有可語者必丁寧以誨之惟恐其成就之晚歲適大
歉至人相食家人惡米不鑿將舂之先生亟止之曰
飢殍盈野雖蔬食且自愧又安忍有擇乎甚或咨嗟
門人之無貲者雖糲蔬亦共之其自得之者窮神化
一天人立大本斥異學自孟子以來未之有也嘗謂
門人曰吾學既得于心則修其辭命辭無差然後斷
事斷事無失吾乃沛然精義入神者豫而已矣近世
喪祭無法喪惟致隆三年自期以下未始有衰麻之
變祭先之禮一用流俗節序燕褻不嚴先生繼遭期
功之喪始治喪服輕重如禮家祭始行四時之薦曲
盡誠潔聞者始或疑笑終乃信而從之一變從古者

甚衆皆先生倡之先生氣質剛毅德盛貌嚴然與人居久而日親其治家接物大要正己以感人人未之對案不食者數四熙寧九年秋先生感異夢忽以書屬門人乃集所立言謂之正蒙出示門人曰此書予歷年致思之所得其言殆于前聖合與大要發端示人而已其觸類廣之則吾將有待于學者正如老木之株枝別固多所少者潤澤華葉爾又嘗謂春秋之爲書在古無有乃聖人所自作唯孟子爲能知之非理明義精殆未可學先儒未及此而治之故其說多穿鑿及詩書禮樂之言多不能平易其心以意逆志方且條舉大例考察文理與學者緒正其說先生慨

然有意三代之治望道而欲見論治人先務未始不以經界爲急講求法制粲然備具要之可以行于今如有用我者舉而措之爾嘗曰仁政必自經界始貧富不均教養無法雖欲言治皆苟而已世之病難行者未始不以亟奪富人之田爲辭然玆法之行悅之者衆苟處之有術期以數年不刑一人而可復所病者特上未之行爾乃言曰縱不能行之天下猶可驗之一鄉方與學者議古之法共買田一方畫爲數井上不失公家之賦役退以其私正經界分宅里立斂法廣儲蓄興學校成禮俗救災恤患敦本抑末足以推先王之遺法明當今之可行此皆有志未就會秦

鳳帥呂公薦之曰張載之學善發聖人之遺意其術畧可措之以復古乞召還舊職訪以治體詔從之先生曰吾是行也不敢以疾辭庶幾有遇焉及至都公卿聞風慕之然未有深知先生者以所欲言嘗試于人多[redacted]之信會有言者欲講行冠婚喪祭之禮詔下禮官禮官安習故常以古今異俗爲說先生獨以爲可行且謂稱不可非儒生博士所宜衆莫能奪然議卒不決郊廟之禮禮官預焉先生見禮不致嚴亟欲正之而衆莫之助先生益不悅會有疾謁告以歸知道之難行欲與門人成其初志不幸告終不卒其願没之日唯一甥在側囊中索然明日門人之在長安

者繼來奔哭之躋祿始克斂遂奉柩歸殯以塟又卜以三月而塟其治喪禮一用古以終先生之志某惟先生之學之至備存于書畧述于謚議矣然欲求文以表其墓必得行事之迹敢次以書

汪相臣